문학과지성 시인선 104

바람부는 날이면 압구정동에 가야 한다

유 하 시집

문학과지성사에서 펴낸 유하의 시집

세운상가 키드의 사랑(1995)
천일馬화(2000)
무림일기(2012, 시인선 R)

문학과지성 시인선 104
바람부는 날이면 압구정동에 가야 한다

초판 1쇄 발행 1991년 4월 15일
초판 13쇄 발행 1994년 2월 10일
재판 1쇄 발행 1994년 9월 10일
재판 20쇄 발행 2024년 12월 2일

지 은 이 유하
펴 낸 이 이광호
펴 낸 곳 ㈜문학과지성사
등록번호 제1993-000098호
주   소 04034 서울 마포구 잔다리로7길 18(서교동 377-20)
전   화 02)338-7224
팩   스 02)323-4180(편집) 02)338-7221(영업)
전자우편 moonji@moonji.com
홈페이지 www.moonji.com

ⓒ 유하, 1994. Printed in Seoul, Korea

ISBN 978-89-320-0499-0 02810

이 책의 판권은 지은이와 ㈜문학과지성사에 있습니다.
양측의 서면 동의 없는 무단 전재 및 복제를 금합니다.

문학과지성 시인선 104

바람부는 날이면 압구정동에 가야 한다

유 하

1994

하나대에 계신 할머니께 이 시집을 바칩니다

自 序

작년은 우울하고 허망한 한 해였다. 내 마음속 스승이 돌아가셨기 때문이다. 난 그분의 책 속에서 세상을 읽었다. 아직, 읽어야 할 세상은 너무 많은데, 그분은, 이미, 여기에 계시지 않는다. 썰렁하다.

두 마리째 풀무치를 잡는다. 그러나 갈수록 울음 소리가 마음에 차지 않는다. 부끄러울 뿐이다. 그러나 어쩌겠는가. 그 결핍에 대한 불만이, 결국, 내 시 쓰기의 힘인 것을.

김인환 선생님, 습작 시절 한 소식 주신 권오룡·이인성·정과리 선생님께 뒤늦게나마, 깊이 감사드린다.

1991년 정월 초하루에
유 하

바람부는 날이면 압구정동에 가야 한다

차 례

▨ 自 序

I. 나와 여치의 불편한 관계
오징어/11
눈 오는 날에/12
약수를 길어오며/14
갈대는 스스로 갈대라 말하지 않는다/15
내 마음의 고기 한 마리/16
비의 나무 숲속에서/18
눈을 위한 시/20
나와 여치의 불편한 관계/22
겨울 하나대/24
할머니와 넘서밭/25
참빗 하나의 시/27
하나대 육자배기/29
老子가, 진지를 권할 때/30
미란타 1/33
미란타 2/35
佛개미 1/38
佛개미 2/39
시인 유보氏의 하루 1/41
시인 유보氏의 하루 2/43
광어와 가물치/46

인사동에서/48
민자와 아스피린/50
체제에 관하여/51

Ⅱ. 바람부는 날이면 압구정동에 가야 한다
武林 破天荒/55
벽보, 대권에 대한 망상/58
바람부는 날이면 압구정동에 가야 한다 1/60
바람부는 날이면 압구정동에 가야 한다 2/63
바람부는 날이면 압구정동에 가야 한다 3/66
바람부는 날이면 압구정동에 가야 한다 4/68
바람부는 날이면 압구정동에 가야 한다 5/70
나는 물의 마을을 꿈꾼다/73
눈부신 명상입니다/75
끝없이 부서지는 파도같이/76
바람부는 날이면 압구정동에 가야 한다 6/77
바람부는 날이면 압구정동에 가야 한다 7/80
바람부는 날이면 압구정동에 가야 한다 8/83
바람부는 날이면 압구정동에 가야 한다 9/86
바람부는 날이면 압구정동에 가야 한다 10/89
푸른, 비닐 우산을 펴면/92
그리움은 게 한 마리의 걸음마처럼/93
풋, 사랑입니다/94
비 가/95
싸랑해요 밀키스, 혹은 주윤발論/96
콜라 속의 연꽃, 심혜진論/100

수제비의 미학, 최진실論/103
바람의 계보학, 이지연論/106
미인병/109
강아지풀처럼 그저 흔들릴 뿐/112
난, 까치 울음에도 쉬 허물어지는/113

Ⅲ. 정글어가는 하나대를 바라보며
대숲을 보며/117
내 마음의 다람쥐 꼬리/118
정글어가는 하나대를 바라보며/120
햇빛, 달빛, 별빛/122
굴뚝새가 사는 마을/123
무장 점백이 아재/124
삼백 년 묵은 규목나무 아래 서면/126
육자배기, 손가락 하나 더 있던 이야기/128
그루터기, 잘린 팔뚝 같은/130
오리털 파카에 관한 한 생각/132
막차의 손잡이를 바라보며/134
두꺼운 삶과 얇은 삶/136
왕재산, 눈 내리는 무덤 가에 앉아/138
대숲의 떨림처럼/140
할머니, 젖은 나락 말리시네/142
그 빈집/144
삽을 든 아재/145
산비둘기 사냥/147
냉기떡은 냉이 뜯고/149

할머니/150
점빵의 눈깔사탕/151

▨ 해설·'하나대'와 압구정동 사이의 긴장·박철화/152

I. 나와 여치의 불편한 관계

오징어
——여는 시

눈앞의 저 빛!
찬란한 저 빛!
그러나
저건 죽음이다

의심하라
모오든 광명을!

눈 오는 날에

수북하게 쌓인 눈더미 위에 오줌을 눈다
내 강아지 같은 마음과 질투의 물줄기에
놀란 듯, 순식간에 자리를 비키는 눈
너그럽게 받아들인다는 듯
자신을 거두어들이는, 어이쿠
雪雪 기는 듯한 자세를 취해주는 눈
눈이 펄펄 뜬 눈으로 내게 귀띔한다
寵辱若驚, 사랑을 받으나 욕되나
늘 놀란 것같이 하라, 한다
내게 오는 사랑이 오줌 세례이게 마련인 줄도 모르고
아무 놀람 없이
여태까지 철판의 가슴으로 완강히 가두었으니,
내게 오는 오줌 줄기가 사실은
사랑인 줄 모르고 텅텅 튀겼으니
이 몸은 자기 몸이 아닌
석고상과 다를 게 무어냐?
세상의 온갖 영욕이 저 눈과 같아서
쌓이면 잃고, 흩뿌리듯 잃었다 싶으면 쌓일 것이니
오직 놀라고 놀랄 뿐이다
아아, 무디고 무딘 똥고집의 내 몸이여

가자꾸나, 저 눈의 몸 가까이
積雪의 몸이 되자꾸나

* 寵辱若驚: 노자 도덕경의 한 구절(왕필 주석).

약수를 길어오며
── 철화네 집, 벽제에서

새벽녘 약수를 주전자에 넣고
출렁출렁 산길을 내려왔다
까치가 눈앞에서 날아오르고
여지껏 내 생의 헛된 욕망의 소식들과
솔방울처럼 말라버린 기다림들이 푸르르
깃을 치며 떠올랐다 내 발걸음은 약수를 길어
산길을 내려오는 것만도 벅찬 호흡인데
산 위의 물은 어떤 절망의 터널을 뚫고 내려와
이렇듯 온전한 약수로 샘솟았는가
주전자의 벌린 입처럼 해찰하며
냇물의 나른함으로 흘러내려온 내 삶의 버릇이
아깝게 자꾸 약수를 쏟게 했다
삶이라는 것도,
마음대로 출렁대며 내려오다보면
약수처럼 슬금슬금 쏟아져버린다는 걸 왜 몰랐을까
난 차 한 잔과 국물 한 사발이 더 필요했으므로
다시 오던 산길을 거슬러올라갔다
까치 떼가 지금까지 걸어온 내 발길의 기억처럼
날아오르고, 난 다시 거슬러올라갈 수 없는
내 삶의 산길을 생각했다

갈대는 스스로 갈대라 말하지 않는다

저 거센 바람 속에서,
시누대는 늘 시누대의 몸짓으로
등뼈 끊어질 듯 흔들린다
갈대는 갈대의 몸짓으로
온 머리채 다 닳도록 목을 놓는다
지빠귀는 지빠귀의 몸짓으로
울음의 바퀴를 달고 쏜살같다

바람에 오래 말없이 흔들려
삶의 골병든 것들이여

그리움도 침묵의 흔들림으로 골병들 때
겨울 들녘 같은 시름의 나날들,
비로소 한낮의 햇살이 이끄는 길처럼
길이길이 눈부시리니

나, 바람 속에서
내 몸짓으로 당당히 뒤흔들리다
저 펄럭이는 갈대의 머리채처럼 온통
은빛으로 소멸해가리라

내 마음의 고기 한 마리
──양수리에서

늦가을 강바람 속으로 매순간
힘없이 메마른 숨결의 손을 놓는 나뭇잎들과 같이
지금 돌연 내가 죽어 없어진다 해도
저 강물은 계속 흐를 것이다 간혹
물 위에 떠가는 낙엽이나 갈대 부스러기처럼
내 죽음이 쓸쓸히 노을의 저편으로 흘러가도
강은 이 자리를 지킬 것이다
그러나, 나는 생각한다 바로 눈앞으로 흐르는
강물이란 강물 다 지나가버려도
강의 호흡이 끊이지 않고 계속되듯,
영영 떠내려가버릴 것 같은 죽은 나뭇잎들
푸르름의 기억을 되살려 나무의 뿌리로 되돌아오듯,
내 육신의 죽음이 진정 나를 죽게 할 수 있을까
나는 본다, 벗어나려 해도 벗어나려 해도
그대로 온통 강물인 양수리의 삶을
뭐 하나 뾰족할 것 없는 생의 굴레를
하여, 살아온 날들의 온갖 희희낙락과 절망들이여
살아갈 날들의 하릴없는 기대감들이여
그만, 잔잔하라 고인 물처럼 잔잔하라
강물이 끝내 강물을 벗어나지 못하는 것처럼

수백 생 동안 죽음의 진화 작용을 해왔을 내 모습
이제, 그 깊은 곳에 사는
마음의 참붕어 한 마리 보고 싶다

비의 나무 숲속에서

걸어간다 후두둑 비의 나무 숲을 헤치며
거리엔 온통 자신의 넋을 흔들어대듯 포플러나무를
흔들어 나뭇잎의 여생을 아슬아슬 재촉하는 사람들이
마른 잎사귀의 눈물 바다 위에 둥둥

떠 있었다 비의 나무 숲은 더욱 울창해지고
거의 말라버린 추억의 그대 얼굴 파르르
내 뇌수의 나뭇가지에서 흔들렸다
바스락, 지난날의 푸른 아픔들은 다만
거리 저편으로 뒹굴어 소멸해가고

물방울은 물방울을 떠밀지 않고, 그저
제 몸의 순서로 흐르는 강을 이룰 뿐,

무성하게 돋아난 비의 나무 숲을
가을 뒤늦은 마음으로 걷는다
아, 이 몸도 푸른 기운이 다하면 저절로 떨어질
비의 숲, 이파리인 것을, 이미 삶의 많은 것을 함부로
흔들어
우수수 탕진해버린 시간들이여 곤두박질치는

비의 나무 잎사귀처럼 흔적도 없구나
흔들지 않아도
비의 나무 아득히 맨 마지막 가을 둥근 잎은
졸음처럼 스르르 떨어져내리고

비의 동그라미, 동그라미
또 하나의 나이테가
뼈아프게 나를 가둔다

눈을 위한 시

눈이 내린다 눈빛이 내린다
난 멀디먼 눈길 뒤에서 굴뚝새처럼 헤매었다
눈물 다 흘리고 아린 눈으로 바라보던
그 무심한 눈발 그때 알아버렸다
컴컴하게 눈먼 하늘이 각혈하는 눈보라가
두고두고 이 세상 내 험한 눈길 속으로 가져다줄 눈빛을
그 눈 시린 고통과 황홀의 눈빛을 그 후로
난 오래도록 잠들어 있었다 꿈속에서도 깨지 마라
깨지 마라 눈은 쏟아지고 눈뜨면 감은 눈 위로
거대한 설원이 기다림처럼 쌓이는 꿈을 꾸는 나를 보았다
아, 눈과 눈의 사랑 난 기어이 깨어났다
이 천지의 가믈고 가믄 숨소리 눈보라가
내 무거운 눈꺼풀을 벗겨갔다 난 보았다
그 무수한 눈송이가 무수한 눈물로 바뀌는 것을
눈은 땅으로 곤두박질치지만
눈물은 마침내 허공에 설원을 이룬다
눈발과 눈물의 가슴 시린 부딪침, 사랑
눈이 쌓인다 눈빛이 쌓인다 밤새
나는 잠들지 못하리라 저 황홀한 눈빛이

내 눈에 영원한 고통을 족쇄 채웠다 눈이 펑펑 내린다
나는 눈빛 쌓인 설원을 저물도록 떠돌아야 하리라
눈은 녹지만 끝끝내 당신, 눈빛은 녹지 않는 설원을
눈이 내린다 눈물이 솟아오른다

나와 여치의 불편한 관계

비척비척 술기운의 발걸음을 멈춘
주택가 공터, 임시로
한살림 차린 호박덩굴 속에서
쯧쯧쯧쯧

침 튀기듯
달빛 튀기며
쯧쯧쯧쯧
여치란 놈이 열심히
혀를 차고 있다

나의 오줌 줄기에도
아랑곳하지 않고
뭐가 그리 개탄스럽다고
쯧쯧쯧쯧
혀를 차는 여치

한 도시 가운데서, 진저리치며
난 여치와
농경 문화적으로 만났다

잠깐!
이곳에 방뇨하는 자는
그것을 잘라버리겠다 주인백
쯧쯧쯧쯧

겨울 하나대

참새 지저귐만 징허게 시끌맞다
흙빛으로 썩어가는 마람 이엉 학잔집
일곱 딸년 웃음 강그러지던 그 자리도
참새 쨱쨱이는 소리만 왼종일
징허게 시끌맞다
참새 떼가 어른난 마을
새울음도 이리 들으니 귀가 질리는 것을
뉘 있어 손이라도 휘휘 저어
저 한껏 방자해진 새떼를 쫓겠는가
꼬부랑 망구 몇 웅크린 집집 벼람박엔
대나무 효자손 하나
손때에 절어 덩그러니 반짝인다

  * 하나대: 전북 고창군 상하면의 작은 부락.

할머니와 넘서밭

　난 서울에 살고 있지만 실은 넘서밭의 정기를 받고
태어났었네 한 백년 묵은 감나무 그늘 아상에서
　증조할머니가 이빨 빠진 소리로 나비 하면 깨복장구인 난
　넘서밭 매는 할머니 귀청 떠날라가도록 나비 따라 읽었네
　이랴낄낄 음메 소리 노랑나비 떼 무시로 넘나들던 넘서밭엔
　땡볕 얼음과자 같은 외하며 아욱 상추 강냉이
　단수수 돔부 가지 가지가지 넘쳐났네
　나 귀빠지기 전부터 그 넘서밭엔 할머니 웅크리고 있었네
　백년 묵은 감나무에 닳고 닳도록 감이 열리듯
　대나무 바람에 몸 낮추지 않는 날 없듯
　할머니 호미는 늘 넘서밭 잠들지 않게 일깨웠네
　그리하여 한 알의 돔부에도 할머니 온 생애가
　일일이 맺혀 있었네 그 넘서밭 한 광주리 머리에 이고
　할머닌 해년마다 손자에게 달려왔지만 일쌍
　할머니와 넘서밭 울타리에 삐져나온 돔부처럼 쓸쓸했네
　이제 할머니의 호미 늙고 지쳤네

무성한 잡초 주인 잃은 호박 덩굴에 파묻혀 그 넘서밭
마침내 영원히 잠들려 하네 잠들려 하네
어느덧 내 몸을 감쌌던 그 넘서밭의 푸른 흔적
뙤약볕 얼음과자 같던 외의 씁쓸한 맛으로 사라져가고
나-비 나-비 따라 읽던 그 옛날의 음성만 입 안에 무
성하네

* 넘서밭: 남새밭.

참빗 하나의 시

지금 식으로 따진다면
자신이 내놓은 물건 값보다
더 신세를 지고 가던 사람이 있었다
검정 고무신 찰박찰박 장마 끝물로 와서
거시기 모다 있어라우, 찰옥수수 같은 잇속 드러내며 웃던
담바우 방물장수 아짐
대나무 참빗 달랑 하나 풀어놓고는
골방 아랫목 드르렁 고랑내 밤새 풀어놓으며
새비젓 무시너물 쩍국에 척척 식은 밥 한술 말아 먹고
보리쌀 반 되 챙겨서 싸묵싸묵 새벽길 떠나가던
염치도 바우 같은 담바우 방물장수 아짐
그것만이면 진짜 양반이게
담바우 아짐 자고 간 날 이후론 온 식구 머릿속엔
영락없이 이가 바글바글 들끓었다
그 예펜네 욕 직사허니 퍼대다가
그 빗살 촘촘한 참빗으로 득득 빗어내리면 와따
후두둑 후두둑 민경 위로 새까맣게
떨어져내리던 가랑이 서카래 떼
장마 걷힌 하늘처럼 맑아오던 머릿속

그날은 온 식구 한데 모여 그놈의 서카래 손톱으로 똑똑
장단 맞춰 터뜨려가며 곤시랑댔다
허허 참, 그래도 담바우 아짐 참빗이
참말로 짱짱한 참빗이랑게

하나대 육자배기

저녁 굶은 시엄씨 응등그리듯
대밭 바람 겁나게 문풍지 쌔려대는 밤이면
쉬디쉰 막걸리 냄새로, 때론
휘이잉 대나무 울음으로 휘몰아치던 소리
상수리골 신깃양반 고래고래 그 목청
일년 열두 달 뒷잔등 고개 넘었시야
육시럴놈
오사당창헐놈
술귀신 같은 놈 어쩔놈 저쩔놈
욕사발 빼급시 들어싸며
뒷잔등 고갯길 일년 열두 달
아욱국 틉틉한 소리로 넘고 또 넘었시야
그러나, 대밭 바람 멈추고 문풍지 울음 소리 뚝 그치듯
신깃양반 그 쑥국새 목청 영영 들리지 않았어야
노인당 술 한잔 만고강산으로 받아먹은 날
봄바람 기생바람 정글어오다
나숭개 파릇파릇 돋은 논두렁에 누워
심없이 얼어죽었시야……
심없이……

老子가, 진지를 권할 때

1

맛과 음과 색이 날뛰는 이곳에서
존재를 참을 수 없이 가볍게 하는 이곳에서
진실로 진지함에 접근할 수 있는
길은 무엇일까

송곡양반 석수양반 진지드세요
그 옛날 새경 받던 일꾼들이
한낮의 노동을 마치고 단숨에 비우던
질박한 고봉의 진지
그 진지에 모락모락 피어오르던 진지함

참으로 진지함이란 그 고봉 진지처럼
아무 맛뗑이가 없는, 스스로 그러한 상태 아닐까
장미의 이름에 나오는 중세 수도사처럼 잔뜩
어깨에 후까시를 넣고 다니는 자들을 보면
어떤 맛이 느껴진다 작위에는 찐한 맛이 배어 있다

반찬이 맛없다고 투정하지 말자
맛없는 반찬이 사람의 혀를

진중하게 제자리에 가라앉히고
색과 맛과 음을 병으로 아는 사람들이
결국 강철 같은 건강 앞에서도 날뜀이 없이 묵묵하나니

2

老子가 말한다, 늙음만큼
사람을 진지하게 해주는 게 어디 있는가
노송의 이파리 혀는 결코 혈기방장한 맛의 세월을
그리워하지 않는 법

이, 맛과 음과 색의 천국은 결코
사람들을 늙게 하지 않는다
병을 병으로 앓게 하지 않는다
고봉 진지를 먹고 소박하게 트림하던 시절은 지났다

3

거리에 참을 수 없는 속도의 맛들이 연쇄 충돌해
종이짝처럼 구겨져 있다
맛의 엄숙함이 병원으로 실려간다
그걸 봐도 여전히 속도의 맛을 사서 가볍게 날고 싶다

는 충동이 인다
　아무리 老子然해봐도 육체와 정신만 늙어갈 뿐
　그것을 날다람쥐처럼 움직이는
　욕망은 좀처럼 늙질 않는구나

미란타 1

지하철에서 아침 신문을 보다 일순 가슴이 덜컥했어
죽은 독재자가 대문짝만하게 나를 노려보며
잔뜩 무게를 잡고 앉아 있더군 정, 신차리고 보니까
그 독재자와 닮은 용모 때문에 단단히 한큐 잡은
탤런트가 위장약 선전을 하는 광고란이었어
나도 위장병으로 몇 개월 시달려봐서 아는데
쓰린 속을 달래는 데는 단연 미란타가 따봉이지
헐은 위벽을 순식간에 땜빵해주는 하얀 액의 위장약
근데 어느 날 의사가 미란타의 장복을 말리는 거야
식이요법 같은 근본적인 치료를 하지 않는 상태에서
그 약의 효과는 극히 일시적이라는 거지
아니, 오히려 위를 더욱 해칠 수가 있대
그쪽 방면은 문외한이지만 그 말이 얼른 이해가 되더만
고통을 호소하는 위의 입을 콘크리트쳐버리면
당장 침묵하겠지만 그게 어디 오래가겠어
한데 말야, 삼천만이 개운한 기분으로 펼쳐드는 아침 신문에
오랜 위통처럼 만인을 괴롭히다 죽은 사람이 떡하니 나타나
아무런 미안타는 기색도 없이 미란타를 권하는 이 현

실을,
 이따금 재발하는 위염의 쓰린 기운처럼 곰곰이 씹어대고 있는데
 문득 누군가 고리짝 철 지난 약 선전을 오늘에 되살리고 있었어

 그래도 보릿고개 때 생긴 위장병을 잡은 분이 바로 그분 아니오

미란타 2

속이 쓰릴 때면 미란타처럼 떠오르는 추억이 있다
고삐리 적 그 엄청난 식욕 때문에 교복 앞주머니에 꽂고 다니던
젓가락, 풀장만한 빈 도시락으로 온 교실을 다 돌면 꿀꺽 넘쳐나던
밥과 고기, 그 꿀맛, 그러나 정작 먹고 싶어도 손 한번 대지 않은 반찬이 있었다 내 짝이 싸온, 도시락보다 더 큰 찬합 속의 쏘스 듬뿍 발라 구운 닭다리 요리
자존심 때문이었다 말단 공무원이던 아버지와 내무부 장관이던 짝의 아버지
상처난 위를 미란타가 좍 덮어주듯 그가 입학한 다음 날로 진창의 통학길은
아스팔트로 포장되었다 내 위대한 위를 위화감에 주눅들게 하던,
빡빡머리 모두의 근엄한 至尊無常? 박정희 대통령 각하와
녀석의 박정희 할아부지, 인자하고 자상한 우리 할아버지
그의 할아버지 때문에 꿀꺽 닭다리 각하에 대한 나의 식욕은 슬그머니 위축당하고

정치경제 시간에 식곤증으로 졸며 몽롱히 듣던 계엄령과 긴급조치

 일부 불순분자 때문에 부득이…… 정치경제까지 백만 원 주고 과외 공부하던

 짝꿍의 또박또박 받아적는 소리, 쩝쩝 잠속으로 빠져들면 꿈속에서 녀석이 로얄 박스에 앉아 호령했다

 닭다리를 탐했으니 할아부지께 말씀드려 너에게 모종의 조치를 취해주마

 제발 긴급조치만은…… 꼬꼬댁거리며 눈을 뜨면 또 그 놈의 닭다리 닭다리

 그해 10월 26일 우리는 수학여행의 아침을 맞았다 히히 놈의 닭다리를 먹을 좋은 찬스야

 그러나 그는 오지 않았다 그에게 부지런히 닭다리를 주던 할아버지가

 유고중! 경주 시내 외출 금지 내리 삼일 똥싸고 밑만 닦던, 레퀴엠의 수학여행

 난 통곡했다 그렇게 인자한 그의 할아부지에게 똥다리 붙던 놈들의 소행이라니

 결국 난 그 닭다리 땜에 위장병이 걸렸다 헛군침이 위를 깎아내린 것이다

근데 알고 보니 그 닭다리 쏘스가 켄터키 후라이드의 노하우를 빌려 만든 것이래나 어쨌대나 라이센스 노태우 아니 노하우 각하! 켄터키 후라이드 가게 앞을 지키는 금발 할아부지의 나라가 기름기를 해체하라는
　이상구 박사와 느끼한 기름기의 노하우를 세트로 공수했구나, 오호
　포스트 미란타니즘? 온 국민의 위장이 전국적으로 헷갈린다, 어머, 제이공화국 탤런트 이진수씨를 보고 각하! 혼비백산 경례를 붙인 퇴역 장교가 있다구요? 밥통 같은 놈, 세상이 미란(靡爛)타 하니 내 밥통이 쓰리구나
　며칠 전 닭장에서 춤추다 고삐리 때의 짝꿍을 만났다 꼬르륵하면 생각나는
　그때 그 닭다리, 나 요즘 종필이 할아부지 밑에서 일하고 있어
　……속이 아직도 쓰리십니까 닭다리 먹고 오리발 내밀거나
　닭다리 먹고 똥다리 붙는 자들 때문에 여전히
　헛다리만 떨어야 하는 람바다 춤 같은 현실 속에서

佛개미 1

세면대에 오른 불개미 떼
물 한 방울 떨어지자
천재지변을 만난 듯 허우적거린다
물방울 하나에 바다가 있었다니!
익사한 불개미들에게 나는 또
얼마나 큰 우주였을까
허나 불개미에게도 불성이 있다면
그것을 익사시킨 물방울이
어찌 그냥 물방울이겠는가 찰나의
의심이 내 대갈통을 꿰뚫는다
물방울 하나가 나라는 우주를 삼킨다?
불개미가 무심코 튄 물방울에 숨을 놓듯,
거창할 것 하나 없다 이 어질지 못한
천지의 무심코 튄 물방울에
힘없이 잠길 내 죽음이여
그럴진대 어찌 불개미의 우주와
나의 우주가 다르다 할 수 있으리
물 몇 방울 튀어도 순식간에
내 죄업이 온 천지에 둥둥 뜨니
작은 세면대 하나에도 근원 모르는
고통의 망망대해가 파도치는구나

佛개미 2

동생이 먹다 땅바닥에 흘린
초이스 비스켓 하나
구물구물 어디서 몰려왔는지
불개미 떼로 새카맣다
그 커다란 달콤한 쾌락 덩어리를
어떻게 떠메고 갈 줄 몰라
땀 뻘뻘 흘리는 것 같은 불개미들
많고 많은 비스켓 중에서 우선적으로
선택하라고 이름도 초이스
나나 개미나 만사 제끼고
생의 달콤한 쪽으로 눈에 불을 쓰고
우르르 달려가는 모습은 똑, 같구나
청소하시는 어머니가 그 비스켓을
쓰레기통에 던져버리니, 워메
극락 속에 지옥이 있었어!
불개미들이 혼비백산 난리가 났다
그 모습이 우스꽝스러워 킥킥대다
웃지 말자 일원짜리도 안 되는 부처야
대체 나라는 놈은, 현생이라는 비스켓
어디메쯤 달라붙어

한참 단꿈을 꾸고 있는가
불개미나 나나,
한치 앞을 선택할 수 없는 눈먼 장님이니

시인 유보氏의 하루 1

조주 화상께 여쭤보았어 스님, 바퀴도 불성이 있습니까
답 안 주시면 저도 코딱지만한 하늘 하나 분양받아 으험 하느님 노릇이나 할래요*

방구석에 누워 방안퉁수처럼 둥굴방굴
해골만 디리 굴리다 이 시대의 신용있는 시인
김신용의 개 같은 날들의 기록을 뒤척이다가
그것도 심심해지면 주간지를 펼쳐든다
스타와의 선문 선답
이성 교제: 일이 애인이죠
잠버릇: 발가벗고 스누피를 안고 잔다
좋아하는 음식: 수제비
감명 깊게 읽은 책: 세계는 넓고 할 일은 많다
좋아하는 정치가: 김영삼
키스 경험: 無! (입술에도 불성이 있는가? 無)
참, 여배우들은 識이 맑은 인생들이야
이렇게 명철하게 똑부러지다니 그거에 비하면
난 얼마나 잡념이 많은 동물인가 송창식 노래보다도 못한
이 무기력한 시 써서 뭣 하나 개가 왜 꾼 돈을 안 갚지

짱구를 굴리다, 생사를 해탈해야 할 턴디……까지 미치게 되면
　어떻게 한 소식 얻어볼까 참선에 돌입한다
　정식으로 깨친 분에게 받은 화두는 아니지만, 이 뭣고?
　끙끙 의심은 돈발되지 않고 번뇌만 생긴다
　번뇌를 쉬어야 한 소식 온다는데
　어쩌지? 문학은 번뇌의 다른 이름인 것을
　소식이냐 시인이냐 소식이냐 시인이냐
　어이구, 이 사바의 중싱아
　때르르릉—— 유보냐?…… 용한데, 나…… 회사 나왔다……
　마침내 술 먹자는 한 소식 왔다
　혀 빼물고 뽀르르 기어나간다

　　* 진이정의 「시인을 위한 윤회 강좌」 중에서.

시인 유보氏의 하루 2
―― 좀비로 꽉찬 세상

산천 초목이 뒤집혀 홍수가 나 땅속에서
귀신들이 올라와*…… 김혜순 시집을 흥미진진 읽다 보면
마이클 잭슨의 스릴러 뮤직 비디오에 나오는 좀비들이
시집을 뒤엎고 으시싯 올라오는 느낌

그래 요새는 하루하루가 스릴러物이야
남의 살만 보면 우르르 달려가 주저 없이 깨물어 먹는
좀비族들, 물린 사람들도 그 즉시 좀비가 되어 크악
물고, 물리고, 물고…… 반성이라곤 털끝만큼도 없이
맹목적으로 앞만 보고 비척비척 몰려가는

좀비로 꽉찬 세상
썩은 육체를 가진 고스트의 세상

 요즘, 특수 효과로 만든 UIP 고스트에 물려 우는 관객들이 꽤나 많은가보더군
 귀신도 미제 귀신은 뭔가 다른 매력이 있나보지?
 짜식들, 조선의 귀신 월하의 공동묘지 玉女의 恨을 봐야 정신 바짝 들걸

중동 땅엔 미사일의 불바다를, 시체들의 아비규환을
한국 땅엔 CNN 좀비 방송과 함께 Die Hard, 사랑이
어쩌니 영혼이 어쩌니,
전세계적으로 포스트모던 페스티발을 벌이는구나
좀비의 왕성하고도 버라이어티한 행보여
욕망의 언체인드 멜로디여

단 한입 깨물어 페르시아만을 온통 시커멓게 좀비의
바다로 만들어버린
후세인 좀비와 부시맨의 겔러그 게임은 어떻게 끝날까
몰라
後世人들이야 어찌 되든, 당장 네 살 뜯어먹자
네 살 뜯어먹자 진군하는 대규모 좀비 군단
제 살 깎아먹는 줄 모르고

기껏 남의 살 뜯어먹을 궁리나 하며 하루를 보내는
좀비들로 꽉찬 조국, 우우 또 오늘 하루를 살아냈구나
시집을 덮노라면, 어둠이 좀비 떼처럼 반쯤 썩어 문드
러진 얼굴로
비틀비틀 다가와 배시시 속삭인다

유보 좀비야!

꺅 나두? 제발 그 말만은 유보해주세요
하다가도, 정작 좀비 시인을 꿈꾸어온 내가 아니었던가!
한입 대차게 깨물어 온 세상 사람들을 화들짝 시인으로 만드는……

히힛, 귀신 씨나락 까먹는 소리였나?

* 『우리들의 음화』(김혜순 시집) 중에서, 「남은 자들을 향하여」 부분.
** 좀비 *zombi*: 마법으로 되살아난 시체. 골빈 얼간이 바보라는 뜻의 속어로 쓰인다. 할리우드 공포 영화 좀비 시리즈가 있음.

광어와 가물치

광어회를 주문했는데
가물치가 나온다 그래도
맛이나 빛깔이 비슷해서
잘도 속는다
비슷비슷 입맛을 다신다

한세상 가물치가 파닥파닥 날뛰어도
광어! 광어! 광어!
피켓을 치켜들고 열광하는
먹새 좋은 식도락가들

가물치가 역설하는
푸른 바다의 광활한 자유로움
내 한 몸 던져 푸른 바다를 이룰 수 있다면……
가물치가 이 땅에 비릿비릿 뿜어내는
온갖 비린내 나는 비리들

가물가물해지는구나
가물치가 가물치답게
냇가 바위 틈에 흙탕물 튀기며 꼬릴 감추고,

광어가 광범위하게
광어 되는 날

인사동에서

인사동 카페 한쪽 구석에
김지하 시인이
앉아 있었다

난 인사도 하지 못한 채, 역시
한쪽 구석에 앉아 있었다
(옛날 프로 야구 선수 장효조를 보고
엉겁결에 덥석 인사한 나였지만)

우리 땅에서 김지하의 사상이 너무 천박하게 이해되고 있다고
개탄하던 김용옥 선생, 내가 시인에게 제의했지
이젠 이름을 지상으로 고치는 게 어떠냐고

그가 70년대 그 암흑의 가시밭을 헤맬 때
나는 만화방에서 경인의 용가리 닭가리
임창의 땡이 시리즈 보며 히히덕거리던 세대였다
바로 옆, 내 연배로 보이는 여자가
지하 형 지하 형 그런다
지하 형?

그의 얼굴엔 어두운 지하의 세계가 휘몰고 온
거대한 태풍의 자취가 깊이 각인되어 있다
그의 시 무화과와
김현 선생의 검은 마법의 세계!

무화과는 자신이 홀로 썩기 전엔
그 아무도 꽃잎을 딸 수 없는 꽃 아닌가

난 그 시인 앞에서
꿀물 한잔 꿀떡이다 문을 나섰다

민자와 아스피린

눈이 내린다 아스피린이 쏟아진다
더 이상 보수할 수 없는 시대
온갖 통증을 일시적으로 마비시키듯
하얗게 하얗게 투약한다
눈이 내린다 아스피린 정치가
두통 치통 생리통의 온 땅을
어질어질 뒤덮는다

* 민자: 영화 「남부군」에서 주인공에게 아스피린을 주던 여인의 이름.

체제에 관하여

횟집 수족관 속 우글거리는 산낙지
푸른 바다 누비던 완강한 접착력의 빨판도
유리벽의 두리뭉실함에 부딪혀
전투력을 잊은 채 퍼질러앉은 지 오래
가쁜 호흡의 나날을 흐물흐물 살아가는 산낙지
주인은 부지런히 고무 호스로 뽀글뽀글
하루분의 산소를 불어넣어준다
산낙지를 찾는 손님들이 들이닥칠 때
여기 쌩쌩한 놈들이 있는뎁쇼
히히 제발 그때까지만 살아 있어달라고
살아 있어달라고
그러나, 헉헉대는 그대들의 숨통 속으로
단비처럼 달콤히 스며드는 저 산소 방울들은
진정 생명을 구원하는 손길인가
투명한 수족관을 바라보며 나는
투명하게 깨닫는다
산소라고 다 산소는 아니구나
저 수족관이라는 틀의 공간 속에서는
생명의 산소도
아우슈비츠의 독가스보다

더 잔인하고 음흉한 의미로
뽀글거리고 있는 것 아니냐

Ⅱ. 바람부는 날이면 압구정동에 가야 한다

武林 破天荒

　서기, 불기, 단기, 분단조국, 통일염원
　세월을 헤아리는 용어는 많이 있지만 난 武曆을 쓴다
　그건 순전히 와룡생 선생 영향이다 덕분에 대학 다닐 때 무협지 쓰는 아르바이트도 했다 장당 오십 원
　무수한 계략과 암기와 암수, 검법과 장법의 이름을 그때 배웠다 난
　와룡생과 같은 웅혼한 필치를 꿈꾸었다 그러나 무협 출판계의 현실은 달랐다 과다한 섹스 신과 탐스런 둔부…… 방초 우거진 언덕…… 같은 유치한 문장의 강요, 특히 나를 곤란하게 했던 출판업자의 주문은
　대량 살육이었다 요즘 독자들은 피비린내 나는 도륙을 원한다니까 낄낄
　현실과 이상 사이에서 고민하며 난 하루에도 몇백 명을 아무런 개연성도 없이 학살하고 분근착골 수법으로 고문했는지 모른다
　펑! 으악! 펑! 퍽! 꽝! 으악!으로 점철된 단어들……
하루는 출판업자가 진시황 시절의 아방궁을 소재로 써보지 않겠느냐고 제안했다 궁중의 온갖 권모 술수 밀실 안의 나녀들…… 봉싯한 젖가슴…… 히히 그거 장사된다구
　허나 난 진시황의 분서갱유를 초점으로 쓰고 싶었다

그 무렵 무협지계에 뜻하지 않은 분서갱유 바람이 들이닥쳤다, 이른바 무림 파천황 사건

그 책은 제목이 암시하듯 한 정의의 사도가 나타나 혼돈의 무림을 깨고 새로운 세상을 만든다는 내용을 담고 있었다 맑스 검객? 그 무협지를 쓴 자가 운동권 학생이라는 소문도 돌았다 무림 파천황은 소림 무당 아미 곤륜 공동 화산의 합동 단속반에 의해 즉시 수거되기 시작했다 최초로 무협지 필사본이 필사적으로 나돌 기세였다

그러나 정작 새로운 세상을 연 자들은 바로 그들이었다 만화방의 무협지까지 금서로 만드는 전대미문의 세상

어디에도 혼돈은 없었다 선과 악의 획일화, 절대악이 사자후하고 있었기에 너무 쉽게 절대선이 가능했다

아, 올해가 무력 몇 년이던가 무림 종식 염원 레프리 카운트를 하던 우리의 공심대사는 무당파 간판을 내리고

하루아침에 무림제일문 부문주로 변신해 구국염원 원년임을 공포하고

무력을 연장한 장본인이 무력과의 전쟁을 선포하고

광주를 뒤엎어 파천황적 세상을 만들었던 자는 소림사에서 또 무얼 파설하고 있는지

그래도, 역시, 권력은 검에서 나온다? 아미타불, 내가

가리키는 건 진리인데 왜 자꾸 검 끝을 쳐다보는 것이냐
  武曆 이후 天荒의 혼돈은 끝났다 사천만이 잠든 달밤에 춤을 추어라 무림 기보 월광검을 차지하는 자가 삼팔광땡의 권좌에 오르리니 뉘 아니 따르리오 분명하고 분명한지고 오늘도 꾸준히 씌어지고 있는 장당 오십 원짜리 무협지
  파천황 시대여! 칼은 칼이요 붓은 붓이다, 아직도 여전히
  하늘이 노리끼리하다고 황황대는 자들 일검에 추풍낙엽으로 보내버리는
  미증유의 검법 하나 어디 없능가

벽보, 대권에 대한 망상

세상에 대통령 한번 해보고 싶다는 망상을……
해보지 않은 사람 어디 있겠는가 다만 기회가 없을 뿐
웃기는 소리, 팔공산 정기를 받고 태어나지 못한 자들에겐
어림 반푼 어치도 없는 얘기다 국회의원도 하다못해
논두렁 밭두렁 정기 정도는 타고나야……

그러나 난 대통령은 시켜줘도 안 할 것이다
마음을 비워서? 팔공산 정기가 없어서?
아니다, 단지 사진빨이 안 받기 때문이다
사진빨 안 받는 얼굴을 전국의
온 담벼락에 붙이는 건 벼락맞을 일이다
사람들을 진실로 빨아들이는 힘, 사진빨

우리나라 정치가들은 사진빨은 없고
이빨만 있다 십 년 독재 썩은 정치 못 참겠다 갈아보자
안정만이 살길이다 삼 분 속성사진으로 벽보에
세숫대야를 들이민 자가, 역사와 구국의 일념을 야그하고
삼 분 속성사진 출품 종식 대회는 얼마나 신물나게

수십 년째 리바이벌 벽보만 붙이고 있는 것이냐

선거철이 지난 후에도 오래도록 상처 자국처럼
담벼락을 더럽히는 벽보들, 사진빨은 없고
문어빨판 같은 접착력만 있는 벽보들
담벼락에 끈덕지게 붙어 벼락대권을 움켜쥐는
순간을 꿈꾸는 망상의 증명사진들
대저, 사진이라 함은 망상이 色으로 증명된 형태요,

망상은 해수욕장이다 대권만 잡는다면야
눈 내리는 빙판의 북방으로,
무색계의 산 위로 해수욕은 못 가리
사진빨 안 받는 얼골들이 또 담벼락에 빨판처럼 한바탕 쫙 붙어
무치 무치 齒를 드러내고 웃을 걸 생각하면 왜
미리부터 내 얼굴이 무색해지나
무색과 무치의 끝없는 이전투구?

대권에 대한 망상 *海水欲場* 앞에서

바람부는 날이면 압구정동에 가야 한다 1
―― 어떤 배나무숲에 관한 기억

 압구정동에 겨울-나무로부터 봄-나무에로라는 까페가 생겼다
 온통 나무 나무로 인테리어한 나무랄 데 없는……
 그 옆은 뭐, 매춘의 나영희가 경영한대나 시와 포르노의 만남 또는
 충돌…… 몰래 학생 주임과의 충돌을 피하며 펜트하우스를 팔고 다니던,
 양아치란 별명을 가진 놈이 있었다 빨간 책과 등록금 영수증을
 교환하던 녀석, 배나무숲 너머 산등성이 그애의 집을 바라볼 때마다
 피식, 벌거벗은 금발 미녀의 꿀배 같은 유방 그 움푹 파인 배꼽 배……
 배나무가 바람에 흔들리는 밤이면 옹골지게 익은 배가
 후두둑 후두둑 녀석은 도둑고양이처럼 잽싸게 주워담았다
 배로 허기진 배를 채운 새벽, 녀석과 난 텅 빈 신사동 사거리에서
 유령처럼 축구를…… 해골바가지…… 난 자식아, 여기 최후의 원주민이야

그럼 난…… 정복자? 안개 속 한남동으로 배추 리어카를 끌고 가던
  외팔의 그애 아버지…… 중학교 등록금…… 와르르 무너진 녀석의
  펜트하우스, 바람부는 날이면 녀석 생각이 배맛처럼 떠올라 압구정동
  그 넓은 배나무숲에 가야 했다 그의 십팔번 김인순의 여고 졸업반
  휘파람이 흐드러진 곳에 재건대원 복장을 한 배시시 녀석의 모습
  그 후로부터 후다닥 梨田碧海된 지금까지 그를 볼 수 없었다 어디서
  배꽃 가득한 또 다른 압구정동을 재건하고 있는지…… 바람부는 날이면
  배맛처럼 떠오르는 그애 생각에 배나무숲 있던 자리 서성이면……
  그 많던 배들은 누가 다 먹었을까 그 수많은 배들이…… 지금
  이곳에 눌러앉은 사람들의 배로 한꺼번에 쏟아져들어가 배나무보다

단단한 배포가 되었을까…… 배의 색깔처럼…… 달콤한 불빛, 불빛
 이 더부룩한…… 싸늘한 배앓이…… 바람부는 날이면……

바람부는 날이면 압구정동에 가야 한다 2
―― 욕망의 통조림 또는 묘지

 압구정동은 체제가 만들어낸 욕망의 통조림 공장이다
 국화빵 기계다 지하철 자동 개찰구다 어디 한번 그 투입구에
 당신을 넣어보라 당신의 와꾸를 디밀어보라 예컨대 나를 포함한 소설가 박상우나
 시인 함민복 같은 와꾸로는 당장은 곤란하다 넣자마자 띠―― 소리와 함께
 거부 반응을 일으킨다 그 투입구에 와꾸를 맞추고 싶으면 우선 일 년간 하루 십 킬로의
 로드웍과 새도 복싱 등의 피눈물 나는 하드 트레이닝으로 실버스타 스탤론이나
 리차드 기어 같은 샤프한 이미지를 만들 것 일단 기본 자세가 갖추어지면
 세 겹 주름바지와, 니트, 주윤발 코트, 장군의 아들 중절모, 목걸이 등의 의류 액세서리 등을 구비할 것 그 다음
 미장원과 강력 무쓰를 이용한 소방차나 맥가이버 헤어 스타일로 무장할 것
 그걸로 끝나냐? 천만에, 스쿠프나 엑셀 GLSi의 핸들을 잡아야 그때 화룡점정이 이루어진다
 그 국화빵 통과 제의를 거쳐야만 비로소 압구정동 통

조림통 속으로 풍덩 편입할 수 있게 되는 것이다

 이곳 어디를 둘러보랴 차림새의 빈부 격차가 있는지 압구정동 현대아파트는 욕망의 평등 사회이다 패션의 사회주의 낙원이다

 가는 곳마다 모델 탤런트 아닌 사람 없고 가는 곳마다 술과 고기가 넘쳐나니 무릉도원이 따로 없구나 미국서 똥구루마 끌다 온 놈들도 여기선 재미 많이 보는 재미 동포라 지화자, 봄날은 간다——

 해서, 세속도시의 즐거움에 동참하고 싶은 자들 압구정동의 좁은 문으로 들어가길 힘쓰는구나

 투입구의 좁은 문으로 몸을 막 우겨넣는구나 글쟁이들과 관능적으로 쫙 빠진 무용수들과의 심리적 거리는, 인사동과 압구정동과의 실제 거리에 비례한다

 걸어가면 만날 수 있다 오, 욕망과 유혹의 삼투압이여

 자, 오관으로 느껴보라, 안락하게 푹 절여진 만화방창 각종 쾌락의 묘지, 체제의 꽁치 통조림 공장, 그 거대한 피스톤이, 톱니바퀴가 검은 기름의 몸체를 번득이며 손짓하는 현장을

 왕성하게 숨막히게 숨가쁘게

 그러나 갈수록 섹시하게

바람이 분다 이곳에 오라
바람이 분다 이곳에 오라
바람이 불지 않는다 그래도 이곳에 오라

바람부는 날이면 압구정동에 가야 한다 3
—— 겨울-나무로부터 봄-나무에로

까페 겨울-나무로부터 봄-나무에로에 자주 오는
심혜진 닮은 기집애가 묻는다 황지우가 누구예요?
위대한 시인이야 서정윤씨보다두요? 켁켁
나무는 자기 몸으로 나무라는데 그게 무슨 소리죠
아, 이곳, 죽은 시인의 사회에 황지우의 시라니 아니, 이건 시가 아니라
뻐라다 캐롤이 섹슈얼하게 파고드는 이, 색 쓰는 거리
대량 학살당한 배나무를 위한 진혼곡이다 나는 듣는다
영하의 보도 블록 밑 우우우 무수한 배나무 뿌리들의 신음 소리를
쩝쩝대는 파리크라상, 홍청대는 현대백화점, 느끼한 면발 만다린
영계들의 애마 스쿠프, 꼬망딸레부 앙드레 곤드레 만드레 부띠끄
무지개표 콘돔 평화이발소, 이랏샤이마세 구정 가라, 오케
온갖 젖과 꿀과 분비물 넘쳐 질펀대는 그 약속의 땅 밑에서
고문받는 몸으로, 고문받는 목숨으로, 허리 잘린
한강철교 자세로 이게 아닌데 이게 아닌데 이게 아닌데

틀어막힌 입으로 외마디 비명 지르는 겨울나무의 혼들, 혼의 뿌리들
　바람부는 날이면 압구정 하늘에 뿌리고 싶다
　나무는 자기 몸으로 나무다 푸르른 사월 하늘 들이받으면서
　나무는 자기의 온몸으로 나무가 된다── 일수 아줌마들이
　작은 쪽지를 돌리듯 그렇게 저 말가죽 부츠를 신은
　아가씨에게도 주윤발 코트 걸친 아이에게도 삐라 돌리고 싶다
　캐롤의 톱날에 무더기로 벌목당한 이 도시의 겨울이여
　저 혹독한 영하의 지하에서 막 밀고 올라오려 발버둥치는
　혼의 뿌리들, 그 배꽃 향기 진동하는 꿈이여, 그러나
　젖과 꿀이 메가톤급 무게로 굽이치는 이 거리,
　미동도 않는 보도 블록의 견고한 절망 밑에서
　아아, 마침내, 끝끝내, 꽃피는 나무는
　자기 몸으로 꽃필 수 없는 나무다

　　* 황지우의 시를 부분적으로 패러디하거나 인용했음을 밝혀둔다.

바람부는 날이면 압구정동에 가야 한다 4
—— 불의 부패

소망교회 앞, 주 찬양하는 뽀얀 아이들의 행렬, 촛불을
들고 억센 바람 속을 걸어간다 태초에
불이 있나니라, 이후의——

칠흙의 두메 산골을 걸어가다 발견한,
그 희미한 흔들림만으로도
반갑던 먼 곳의 등잔불이여

불빛을 발견한 오징어의 눈깔처럼
눈에 거품을 물고 돌진 돌진

불 같은 소망이 이 백야성을
만들었구나, 부릅뜬 눈의 식욕, 보기만 해도 눈에
군침이 괴는, 저 불의 부패 色의 盛饌을 보라
그저 불밝히기 위해 심지 돋우던 시절은 지났다

매서운 한강 똥바람 속,
촛불의 아이들은 너무도 당당해 보인다
그들을 감싸고 있는 이 도시 전체가
하나의 거대한 수정 샹들리에이므로

風前燈火, 불을 키운 건 팔 할이 바람이었다
이젠 바람도 불과 함께 놀아난다
휘황찬란 늘어진 샹들리에 주위에 붙은 똥파리

불의 소망 근처에서
불의 구린내를 빠는 똥파리의
윙윙 날개 바람

바람 속으로 빽이 든든한
촛불들이 기쁘다 구주 기쁘다
걸어간다, 보무도 당당히, 오징어의 시커먼 눈들이
신바람으로 몰려가는, 불의 부패 파티장 쪽으로

바람부는 날이면 압구정동에 가야 한다 5
——호텔, 그린그래스

산다는 일이 뭐 뾰족한 일이 있으랴 넥타이 매고
소주잔 돌리며 지글지글 삼겹살이나 뒤집는 일 외에
뾰족한 일 찾으려다, 노충량이는 뽕 먹다 빵에 갔고 기어이
난 누에 같은 시인이 되었다 참 누에는 뽕 먹고 살지
언어의 뽕잎 갉아먹으며 내가 황홀해지는 시 한 편 쓰고 싶었다
악마에게 몸을 팔아서라도 정말 내가 뽕 가는 시 한 편 쓰고 싶었다
그런 면에서 노충량과 내가 추구하는 궁극적인 목표는 같다
말로가 다를 뿐? 그럴까? 카메라의 뽕을 먹고 사는 배우들
화려한 옷의 뽕을 먹고 사는 모델들 예술이냐 외설이냐?
히로뽕 같은 극단의 삶을 사는 히로인들 아으 언제나 극단은 위험하다
극단적인 것치고 퇴폐적이지 않은 것은 없다 이곳은 극단주의자들의 거리다
삶 속에서 뭔가 뾰족한 것을 갈구하는 자들의 거리다
뾰족한 건 파괴적이다 칼을 보면 찌르거나 찔리고 싶

다는 한 생각,
 하여 그들은 뽕 같은 은유나 상징을 사랑한다 신문 사회면과
 문화면의 거리는 그리 멀지 않다 나도 언어의 뽕이 없었더라면
 깡패가 됐으리라, 뽕의 은유로 빵빵한 길이여 이곳을, 지나는
 그 누가 사계절 뾰족하게 좆만 꼴리는 거리라 노래하겠는가
 여기는 남서울 영동 사랑의 거리, 사계절 모두 봄봄봄
 웃음꽃이 피니까—— 카수 문희옥이 은유의 새처럼 지저귄다
 외롭거나 쓸쓸한 사람은 누구라도 한번쯤은 찾아드는, 저곳을
 그 누가 낯섦하는 곳이라 부르겠는가 오예스 오예스 호텔 그린그래스
 골프장의 잔디 위에서 단련된 허리, 푸른 잔디처럼 출렁이는 물침대
 완곡하여라 호텔 그린그래스 어느새 저 불야성이
 누에 같은 나마저 유혹한다 강력한 언어의 뽕을 먹인다

고향의 푸른 잔디와 체리빛 입술의 메리가 여기 준비
돼 있어요*
뾰족하여라 호텔 그린그래스

  * 탐 존스의 Green Green Grass of Home.

나는 물의 마을을 꿈꾼다

내 몸 물처럼 출렁이는 꿈을 꿉니다
내 몸 그대에게 물처럼 흐르는 꿈을 꿉니다
나 그대 앞에서 물처럼 투명한 꿈을 꿉니다
물처럼 투명한 내 몸 속, 물처럼 샘솟는 내 사랑 보입니다
내 사랑에 내가 놀라 화들짝 물방울로 맺힙니다
드맑은 그리움 온통 무거워지면
물방울로 맺힌 내 몸 다시 흐르기 시작합니다
수만 가지로 샘솟는 길을 따라 내가 흩어져 흘러갑니다
그러나 물방울의 기억이 그대 눈빛처럼 빛나는 시냇가에
내 사랑 고요히 모이게 합니다
오오, 달비늘로 미끄러지는 내 사랑
갈대 밑둥을 가만히 흔들고 지나갈 뿐입니다
바위 틈에 소리없이 스미고 스밀 뿐입니다
내 몸 투명한 물이기에
이 세상 어느 것보다 낮게 흐릅니다
이 세상 모오든 것을 비켜갑니다
그대마저도 비켜갑니다
그 비켜감의 끝간데, 지고한 높이의 하늘이 있습니다
놀라워라, 그 순간 그대 가슴속에 끝없이

범람하고 있는 내 사랑 봅니다
나 그대 몸 속에서 오래도록 출렁입니다
나 그대 시내 같은 눈을 보며 물의 마을을 꿈꿉니다
그 물의 마을, 꿈꾸는 내 입천장에서 말라붙습니다
내 몸 물처럼 출렁이다 증발되듯 깨어납니다
오늘도 그대를 비켜가지 못합니다

눈부신 명상입니다

은행잎에 그대가 물들었습니다
그대 노란 눈부심으로
거리를 떠나갑니다
온 산에도 그대가 물들어갑니다
산을 내려온 그대 물든 걸음
사뿐 강물이 받아줍니다
강물 위에 그대 떠내려갑니다
강물의 흐름에 몸을 맡기며 그대 떠내려갑니다
지금껏 난 흘러가는 그대 붙잡으려 했습니다
지친 매미 울음처럼 붙잡으려 했습니다
아아 온 천지에 그대 수없이 물들고 나서야 비로소
그대 떠내려가는 모습 내게 눈부심이었습니다
그대 떠나보내야 내 사랑 자란다는 걸 알았습니다
은행잎 하나에도
그대 얼굴 물드는 시간입니다
은행나무처럼 나 이제 그대를 소유하지 않습니다
그대 노란 눈부심으로 나를 떠나갑니다
떠나는 그대 눈부신 명상입니다
잔잔한 강물 같은 명상입니다

끝없이 부서지는 파도같이

수천의 파도가
몰려와 부서집니다
수만의 파도가 한꺼번에
산산이 부서집니다
부서진 파도들 비로소
편안한 어깨로 되돌아갑니다
그러나 어이할 수 없어라
그렇듯 뒷모습으로 돌아간 파도들
또다시 부서지러 몰려옵니다
한번 부서져본 사랑
대단한 권세인 줄 알았습니다

그대여
내 사랑 더도 말고
저 파도 같을 겁니다

바람부는 날이면 압구정동에 가야 한다 6

구정동/구정동/'압' 자 버리고도
남은 구정물 너무도 많아……
——진이정의 「압구정동」에서

바람부는 날이면, 압구정동에 가야 한다 사과맛 버찌맛
온갖 야리꾸리한 맛, 무쓰 스프레이 웰라폼 향기 흩날리는 거리
웬디스의 소녀들, 부띠끄의 여인들, 까페 상류사회의 문을 나서는
구찌 핸드백을 든 다찌들 오예, 바람불면 전면적으로 드러나는
저 흐벅진 허벅지들이여 시들지 않는 번뇌의 꽃들이여
하얀 다리들의 숲을 지나며 나는, 끝없이 이어진 내 번뇌의 구름다리를
출렁출렁 바라본다 이 거추장스러운 관능의 육신과 마음에 연결된
동아줄 같은 다리를 끊는 한 소식 얻기 위하여, 바람부는 날이면
한양쇼핑센타 현대백화점 네거리에 떡하니 결가부좌 틀고 앉아
온갖 심혜진 최진실 강수지 같은 황홀한 종아리를 뚫어져라 바라보며

不淨觀이라도 해야 하리 옛날 부처가 수행하는 제자에게 며칠을 바라보라 던져준
　구더기 끓는 절세미녀의 시체, 바람부는 날이면 펄럭이는 스커트 밑의
　온갖 아름다움을, 심호흡 한번 하고, 부정해보리 내 눈은 뢴트겐처럼 번쩍
　한 떼의 해골바가지를, 뼉다귀를, 찍어내려고 눈버둥친다 내 코는 일순
　무쓰향에서 썩은 피고름 냄새를 맡아내려고 킁킁 벌름댄다, 정말 이러다
　이 압구정동 네거리에서 내가 아라한의 경지에……? 아서라
　마음속에 영원히 썩어 문드러지지 않을 것 같은 다리 하나 있다
　바로 이 순간, 촌철살인적으로 다가오는 종아리 하나 있다 압구정동
　배나무숲을 노루처럼 질주하던 원두막지기의 딸, 중학교 운동회 때
　트로피를 휩쓸던 그애, 오천 원짜리 과외공부 시간 책상 밑으로 내 다리를 쿡쿡 찌르던,

오천 원이 없어 결국 한 달 만에 쫓겨난 그애, 배나무들을
　뿌리째 갈아엎던 불도저를 괴물 아가리라 부르던 뚱그런 눈망울
　한강다리 아래 궁글던 물새알과 웃음의 보조개 내게 던지고 키들키들
　지금의 현대백화점 쪽으로 종다리처럼 사라지던, 그 후로
　영영 붙잡지 못했던 단발머리 소녀의 뒷모습
　그 눈부시던 구릿빛 종아리

　　*다찌: 일본인들을 상대로 하는 기생.
　　*不淨觀: 소승선으로, 아함경을 위주로 닦는 선. 모든 육신은
　　　더럽다는 걸 觀하는 것.

바람부는 날이면 압구정동에 가야 한다 7
―― 불의 폭포

대학 시절 난 겨울만 되면 울려퍼지는 크리스마스 캐롤을
마카로니 웨스턴의 주제가로 비유한 시를 쓴 적이 있다
이 땅의 크리스마스 문화가 가짜 서부극 같다는, 일종의 풍자 돌리기를 시도했던 것인데
실패했다, 클린트 이스트우드의 시거를 문 매키한 표정을 묘사하는 데
너무 흥분했던 것이다 문화적 거리 유지를 위해 차라리 별 감흥 없는
테렌스 힐을 소재로 했더라면 어땠을까 하긴 성탄절과 관계된 것치고
되는 일이 없었다 이브날 여자에게 선물 사들고 메리 메리 뛰어가다
무단 횡단으로 짭새에게 걸리질 않았나⋯⋯ 性탄절답게 여관이
만원 사례이질 않나 그렇다고 텔레비에서 새로운 영화를 하나
성의나 데미트리아스 필름은 이제 걸레가 될 만도 한데 난 어릴 적
예수가 검투사 출신인 줄 알았다 화면마다 온통 타이

슨 닮은

  검투사 검투사 내일이란 말이 있을 수 없는, 마치 내일부터 영영 그녀를

  만날 수 없을 것 같은 절박함으로 무단 횡단하던 내 모습? 종소리 울려라

  회개할 시간이 많지 않다, 유황불과 휴거의 시간이 개봉 박두했음을

  외쳐대는 전도사, 내 영화적 상상력은 늘 그의 엄지손가락에 가 있었다

  교회의 십자가도 내겐 엄지손가락, 내릴 것이냐 올릴 것이냐

  사자와의 대결을 앞둔 검투사의 심정처럼 만판으로 흐드러지는

  이 땅의 눈부신 불빛, 일회용 검투사 문화, 엄지손가락 문화

  시는 실패했지만 지금도 나는 캐롤송에서 돌아온 장고의 주제 음악을

  듣는다, 유황불을 뿜기 전 장고의 기관총구에 감도는 귀따가운 정적

  우리에게 내일은 없다 내세만 있을 뿐, 오늘 젖 먹던

힘을 다해 찍싸자
 하여, 그 누가 저 은총의 도시 가득 무진장 쏟아져내리는 불의 폭포수를 보며
 폭포가 말라버린 내일의 암흑 따위를 생각하겠는가
 엄지손가락만 내려지면 너도 나도 뜰 세상, 불의 폭포 밑
 황홀찬란 온갖 색욕의 발전기가, 무단 횡단처럼 숨가쁘 돌아간다
 참, 그때 짭새에게 걸린 뒤가 궁금한 자를 위해 한마디
 은근히 환락의 휴거 당하기를 기대하던 성탄절 이브……
 바람맞혔다고, 여자는 네로 황제처럼 엄지손가락을 내리더군 찍쌌지 뭐

바람부는 날이면 압구정동에 가야 한다 8
──여자와의 전쟁

 나는 지금 이 순간부터 사랑의 보안사 압구정 분실을
폐쇄한다
 나의 컴퓨터에 입력돼 있는 모델, 탤런트, 영화배우,
가수
 까페에서 노닥거리는 플레이 영계들의 명단을 모두 지
워버리겠다
 물론 그 수많은 명단 속엔 남자는 하나도 없다 난 호모
가 아니니까
 공개된 바와 같이 그 속엔 멤피스의 주인 나영희도 있고
 남편 사랑은 여자 하기 나름이라고 지저귀는 남부군의
여인
 최진실도 있다 사실 내가 그녀들을 사찰한 것은 여러
분도 잘 알다시피
 감시 차원이 아니라 모든 외부적 위험으로부터의 보호
때문이었다
 나를 제외한 늑대적 존재인 남자, 각종 스캔들, 도박,
뽕 등등으로부터의
 보호, 나는 각종 주간지와 까페 무슈 니꼴라이, 고르
비, 채플린을 통해
 그녀들을 도청하고 신상을 파악하고 몇 등급의 순화

대상으로 분류했다
 잠깐! 미를 자랑하는 여자로서 혹시 그 명단에 못 끼었다고
 쪽팔려하지 마시길…… 이태원 분실은 그대로 남아 있으니깐
 나는 압구정 분실을 눈물을 머금고 폐쇄한다 한 여자가
 몇 남자를 동시에 사랑하고 동시에 여관 가고 동시에 농락하는
 소위 압구정동식, 세기말식 사랑에 신물이 났다 도저히 감당하지 못하겠……
 다, 정말 자가용 한 대 없이…… 간지가 안 나온다 이제 더 이상 그녀들을
 보호하지 않겠다 압구정동식 사랑을 하는 여자를 증오한다
 오오, 적 그리고 사랑 이야기여 여자들을 적으로 규정하는 이 착잡함
 그러나 과감하게, 사랑의 보안사 압구정 분실을 폐쇄함과 동시에
 지금 이 순간부터 여자와의 전쟁을 선포한다
 튕기거나, 두 남자 이상을 만나는 여자를 보면

무조건 발포하라

뭐?
똥 뀐 놈이 성낸다고?

바람부는 날이면 압구정동에 가야 한다 9
—— 게으름의 찬양

생사가 고작 呼吸之間의 일이라는데, 호흡 사이의 거리가
가까우면 가까울수록 그만큼 죽음도 빨리 다가온다는데
우리는 너무 빠르게 호흡하고 있는 건 아닐까
헉헉거리며 일 초 전의 전생에서 일 초 후의 내생으로
뻔질나게 윤회의 들숨 날숨 쳇바퀴를 돌리고 있는 건 아닐까

도로의 목구멍 위로 들숨 날숨처럼
헉헉대다 숨막히는 빽빽한 차량들
숨가쁘게 먹고 싸고 사정하는 인간의 구규*를 닮은
아파트가, 하수도의 목구멍이 막히도록 내뱉는 구정물

만약, 10억이 넘는 중국 인민들이 한꺼번에
천안문 광장을 자가용을 타고 질주한다면, 동시에 먹고 싼다면
무쓰를 처바른다면 지구는 어떻게 될까
자금성 노자의 후예들이 素素하게
虛의 자전거 바퀴나 굴리는 덕택에
압구정성 가득 자동차 바퀴가 넘쳐난다?

아아 모든 게 패스트 모션이구나 죽음도 엄숙하게
완성되지 못한다 다만 무성영화 그림처럼 우스꽝스러
울 뿐
압구정동 그 짧은 호흡지간에서 뺑이치며
왔다리 갔다리, 다방구를 하고 있는
존재의 참을 수 없는 숨가쁨이여

백 미터를 9초대에 주파하는 칼 루이스와, 지금 살아
있다면
한 삼박 사일 싸묵싸묵 걷다가 나머지 오십 미터를
비워둔 채, 바위에 앉아 쉬고 계실 노자 선생

그러나 보라 맛의 덫에 빠진 노자의 후예들이
햄버거에 맛들려 황황히 몰려가는 모습을
압구정성, 그 온갖 구매욕의 슈퍼마켓이 헉헉 내뿜는
현란한 바람의 향기가 온 천지로 휘몰아치며
온갖 잔잔했던 것들을 숨가쁘게 풍차 돌리는구나

죽음이라는 육신의 일시적 브레이크도

지칠 줄 모르고 미끄러져가는 저 가속도의 색혼들을
끝내, 멈추게 할 수 없으리라

*구규: 인체에 뚫린 아홉 개의 구멍.

바람부는 날이면 압구정동에 가야 한다 10
흐르는 欲의 바다는 구름 속에 죠스를 감춰둔다
──박용하에게

 한계령 대관령 그 높은 나무의 바다 위에서 자작나무처럼
 괜찮은 듯 서서, 오래 오래 숙고한 사람만이 말할 수 있구나
 흐르는 겨울 바다는 구름 속에 돌고래를 감춰둔다
 그 돌고래를 타고 온 나무의 천지를 소요하는 기분은 어떨까
 나무들이 몸 전체로 연신 불을 물펌프질하는, 그랜드한
 네 산의 정상을 보고 싶구나 뜨거워, 너의 나무는 왜 그리 뜨거운
 난로인지 이 추운 겨울 나도 가서 나무의 불 쬐고 싶다
 나무는 지금 불탄다 바람의 불쏘시개를 부둥켜안고 나무는
 지금 불탄다 물론 압구정동에도 바람이야 불지 불의 부패,
 그 색의 성찬을 맛깔나게 핥고 지나는 바람의 혓바닥, 난
 그놈의 혓바닥이 내 귀두 끝을 살짝 스쳐도 에이즈에 걸리지
 않았나 전전긍긍하는 놈이야 그래 난 너의 나무를 향

한 절대적
 신앙을 열렬히 지지해 천지에 믿을 것 나무밖에 없어
 전 육체의 중심을 다해 스스로를 견디는 컴컴한 나무 숲속에서만이
 비로소 바람도 하나의 노래가 되지 빈 뼛속 깊숙이 원시의 공기를
 갈무리하고 있는 대나무 숲속에 들어가면 귀청 떠날라가도록 들리곤 했어
 바람의 머리채를 오방난전으로 뒤흔드는 듯한 뿌사리 울음, 그
 육자배기 소리 말야 나무들만이 이 세상 모든 것을 온전히 간직하지
 사실 난 너의 시가, 숨겨주는 이 없이 대명천지 죽어가는 이 땅의
 모오든 나무들에게 바치는 슬픈 진혼곡으로 들려, 지금 넌
 서서 죽는 대관령 자작나무의 바다를 보며 무얼 감추고 있는지
 앙증맞고 순진한 나무 돌고래? 아, 난 감춰둔 게 없어 헐벗은 민둥산이야

길이 십오 미터가 넘는 거대한 백상어가 돌고래를 잡아먹으려 쩍

섬뜩하게 이빨 드러내는 죠스 3이라는 영화 봤니? 내 몸을 스치는

욕망의 바람 속엔 죠스가 살아, 온통 썩은 눈깔로 몰려가

뎅겅 나무 돌고래들의 배를 가르는 톱날 같은 죠스 아가리

흐르는 욕의 바다는 구름 속에 죠스를 감춰둔다

너는 노래한다, 미끌한 지구에서 우리는 쓸쓸하게 떨어져 추락할 것임을

푸른, 비닐 우산을 펴면

빌딩들 사이에서 오백 원으로
급히 펼쳐든
푸른 비닐의 공간
난 오래 잊고 있었던 은행의 비밀 번호를
기억해낸 느낌에 사로잡힌다
그 순간
난 이 거대한 도시 속에서
유일하게 빗방울들의 노크 소리를 듣는다
푸른 비닐을 두드리며 황홀하게
나의 비밀 번호를 호명하는 물방울의 목소리
나는 열리기 시작한다
빗방울의 목소리를 닮은 사람이여
내게 예금되어진 건
소나비를 완벽하게 긋는 박쥐 우산이 아니라
푸른 비닐의 공간을 가볍게 준비할 수 있는 능력,
비닐 우산을 펴면
나는 푸른 비닐처럼 가볍게 비밀스러워진다
빗방울을 닮은 사람이
또박또박 부르는 비밀 번호 앞에서
천천히 열리는 꿈에 부풀기 시작한다

그리움은 게 한 마리의 걸음마처럼

끝간데 없는 갯벌 위를 걷습니다
모든 것이 고요하기만 합니다
문득 손톱만한 게 한 마리
휙 내 앞을 지나갑니다
어쩐지 그 게 한 마리의 걸음마가
바닷물을 기다리는
갯벌의 마음처럼 느껴집니다
그 마음 그토록 허허롭고 고요하기에
푸른 물살, 온통 그 품에
억장 무너지듯 안기고 마는 걸까요
아아 바닷물처럼 출렁이는 당신이여
난 게 한 마리 지날 수 없는
꽉찬 그리움으로
그대를 담으려 했습니다
그대 밀물로 밀려올 줄 알았습니다
텅텅 빈 갯벌 위, 난 지금
한 마리 작은 게처럼 고요히 걸어갑니다
이것이,
내 그리움의 첫 걸음마입니다

풋, 사랑입니다

새가 깃들이는 저녁입니다
그대의 불빛 닿지 않는 저문 강가에서
바람 속 풀잎처럼 뒤척이다보면
풋사과 베어먹는 소리를 닮은
풋, 그대의 웃음
어느새 가슴에 풀물로 번져옵니다
강물 위로 내리는 깊은 어둠처럼
난 오래도록 흘러왔지만
풋, 그대 앞에선
마냥 서툴게 넘어지는 풀잎입니다
그대의 불빛 미치지 않는 곳으로
물의 흐름처럼 몸을 낮추고 낮추는 밤이 지나고
푸른 새벽 깃털의 새들
눈 시리도록 숲을 박차오르는 시간에도
그새 바람 한 톨 스치면
풋, 그대의 향기에 풋풋하게 감싸여
난 서툴게 이슬 맺는 풀잎입니다
풋, 늘 그렇게
풋, 사랑입니다

비 가

비가 내립니다
그대가 비 오듯 그립습니다
한 방울의 비가 아프게 그대 얼굴입니다
한 방울의 비가 황홀하게 그대 노래입니다
유리창에 방울 방울 비가 흩어집니다
그대 유리창에 천갈래 만갈래로 흩어집니다
흩어진 그대 번개 속으로 숨어버립니다
흩어진 그대 천둥 속으로 숨어버립니다
내 눈과 귀, 작달비가 등 떠밀고 간 저 먼 산처럼
멀고 또 멉니다
그리하여 빗속을 젖은 바람으로 휘몰아쳐가도
그대 너무 멀게 있습니다
그대 너무 멀어서 이 세상
물밀듯 비가 내립니다
비가 내립니다
그대가 빗발치게 그립지 않은 적이 없습니다

싸랑해요 밀키스, 혹은 주윤발론

이곳은 썩은 오물로 뒤덮인 쓰레기의 땅이다 탈출구는
없다 원하지도 않을 것이다 난 그 쓰레기를 사랑한다
———「13일의 금요일 8」, 살인마 제이슨

요즘 홍콩 총쌈 영화를 거창하게 느와르 영화라 부르지만 그건
 말짱 매스컴의 상업주의가 조작해낸 가짜 용어다 암울하게 죽고
 죽이는 살육 장면이 있다고 다 느와르인가 가령, 차이나타운 같은 느와르 필름 속엔 나름대로
 진솔한 절망이 있었다 홍콩 영화엔 겉멋 들린 절망이 있을 뿐이다
 롱 코트 휘날리며 지폐로 담뱃불을 붙이며 갖은 똥폼 다 잡는 주윤발
 그 홍콩 영화가 무협지처럼 쉽게 읽히는 건 김현 선생 말씀처럼
 그 안에 고민이 없기 때문이다 홍콩 느와르는 모더니즘 무협지에 불과하다
 장삼 자락이 롱 코트로, 장풍이 바주카포로, 로례 깡따위 왕우 진성이
 이소룡 성룡을 거쳐 주윤발 유덕화 양조위로 가오마담만 바뀌었을 뿐

겉멋 든 폭력으로 한국의 아이들을 홍콩 가게 하는 건 늘 변함이 없다
 그렇다 나쁜 폭력이 고민 없이 횡행하고 있는 이 땅에서 홍콩 영화는
 하나의 종교성을 가지고 있다 파괴욕의 대리 만족 현장, 보라 광포한 체제의 무형강기에 관통당한
 상처받은 육신들이 속속 홍콩 영화에 귀의하는, 저 인산인해의 장관을!
 인간의 폭력이라는 지랄 본능과 비밀하게 교미하는 피비린내 나는 화면들,
 집단 종교 제의의 광태가 따발총 쏘는 英雄本色 주윤발 롱 코트 자락을 따라
 장엄하게 펄럭이누나 주윤발을 믿는 이 땅의 젊은이들이 소리쳐
 주문을 외운다 싸랑해요 밀키스! 띵호와! 싸랑해요 密키스!
 폭력에 대한 집단 무의식적 원한을 홍콩 가는 즐거움으로 바꿔놓는,
 이 영검한 종교를 보셨습니까 예? 한국엔 장군의 아들이 있다구요?

그렇다면 과연 5·16 5·17 將軍本色은 한국판 느와르요? 무슨 말씀을,

박상민은 주윤발의 해적판이요 깡패들이 정계 인사와 꼴망, 졸망, 파를 만들어 쌈질하는 나한일의 무풍지대도 영웅본색 첩혈쌍웅의 뒷다마다 아니다 그렇게 얘기하는 놈들은 젖냄새 나는 밀키스나 더 마시고 오라

원조 교주는 바로 할리우드 사원에 있느니라 마론 브란도가 허스키하게 지껄인다 네가 나를 대부님이라 부른다면 너의 소원대로 그자들을 죽여주마

폭력물의 영웅들은 라스트 씬에 회전의자를 쏵 돌리며 본색을 드러낸다는데

허면 이 땅의 느와르 영웅들의 본색은 어디에? 본래가 무일물이거늘

본색은 무슨 본색, 난 그를 대부님이라 부른 죄밖에 없는

속죄양에 불과하오 거사를 치르고 절에 은둔하신 어느 거사님의 말씀

아하, 본색은 간데없고 영웅, 스타들만 득실거리는 이 땅에 시산혈해의

홍콩 영화가 종교적으로 판을 치는 까닭이, 주윤발 롱

코트 자락에 숨어 있었구나 할리우드 대부의 인가를 맡은 주윤발 교주가 화면의 법석에 앉으니

　오빠! 오빠! 도성 안의 신도들이 야단법석이구나 온갖 증오의 파괴욕이 내가 찍 쏘는 총알 더미에 후련하게 실려 부드럽고 감미로운 밀크빛으로 돌아가나니 폭력을, 원쑤를 어찌 미워하리오

　자, 다 함께, 홍콩 가는 표정으로, 따라하시오 싸랑해요 밀키스——

*느와르*noir*: 프랑스 비평가들이 이차 대전 이후 자국의 영화관마다 범람하는 할리우드 영화를 가리켜 부여한 명칭으로, 일명 'dark film'이라 한다. 범죄와 파멸이 반복되는 지하 세계의 어둡고도 우울한 모습과 미래에 대한 불안감으로 인해 어쩔 수 없이 악당이 되어야 하는 고독한 사나이들의 처절한 종말을 냉소적이고도 비관적 양식으로 묘사하는 것을 특징으로 한다(「차이나타운」: 로만 폴란스키 작품).

콜라 속의 연꽃, 심혜진論
―― 난 느껴요-苦口苦來

우리나라 신식 국자는 무슨 국자? 일명 신식민지 국독자?

처음 코카콜라가 등장했을 때 웬 간장이냐며 국에 뿌린 년도 있긴 있을라

난 느껴요―― 코카콜라, 언제나 새로운 맛 신식 국독자로 떠먹는 코가콜라 그때마다

톡 쏘는 맛처럼 떠오르는 여자가 있다 코카콜라 씨에프에서

팔꿈치로 남자를 때리며 앙증맞게 웃는 여자, 그 몇 프레임 안 되는 장면 하나가 방영되자마자 연예가 일번지 압구정동 일대가

술렁였댄다 그것 땜에 애인 있는 남자들의 옆구리가 순식간에 멍들었다는데……

왜 그 씨에프가 히트했는가에 대한 항간의 썰들은 분분하다

가학으로 상징되는 남자와 피학으로 상징되는 여자의 쏘살 포지션을 자극적으로 뒤튼 것이 주효했다는 친구도 있고

(놈은 허슬러부터 휴먼 다이제스트에 이르기까지 마조히즘 사디즘에 관한 미국의 온갖 빨간책은 물론 마광수의

가자 장미여관, 야한 여자, 권태까지 섭렵한 권태스런 놈
이다)

 그 씨에프의 콘티는 말야 전세계 장래마저 자국의 문
법으로 콘티 짜는 미국의 솜씨니까 당연한 거라구, 잘난
척하는 녀석도 있다

 난 전율한다 눈 깜짝할 사이에 지나가는 심혜진의 보
조개 패인 미소 뒤에도 얼마나

 세계는 넓고 할 일은 많은 쾌남아들의 거대한 미소가
도사리고 있는가

 하여튼 단 십 초의 미소로 바보상자의 관객들과 쇼부
를 끝낸 여자 심혜진

 그녀가 요즘 씨에프에서 닦여진 순발력 있는 연기로
은막에서도 한참 주가를 올리고 있다 제목은 물의 나라

 감독은 얼씨구나 양파 껍질처럼 끝없이 옷을 벗기기
시작하는데, 그녀만 보면 파블로프의 개처럼 코카콜라를,

 삼성 에이 에프 오토 줌 카메라를, 해태 화인쥬시껌을
사고 싶어지는 내 눈알, 나는 본다 저 알몸 위로 오버랩
되는……

 온 산을 갈아엎는 사람들을 세상을 온통 콜라빛 폐수
로 넘실대게 하는 사람들을 이 땅을 온갖 욕망의 구매력

으로 가득 채우는 사람들을 그리하여
 이 지구의 虛를 말살시키고 있는 사람들을 아아 하나뿐인 인격, 하나뿐인 지구
 라오쯔의 말씀대로 빈 그릇만이 쓰임이 있는 것
 또한 갖가지 색과 음과 맛이, 사람을 질주하는 미친 말처럼 만드는 것
 수많은 심혜진들이 허를 상실당하고 반짝별로 사라지는 충무로
 차차차여, 오늘도 그녀들의 금테 잔이 출렁출렁 넘치는구나
 결국 색이란 건 아무리 벗겨봐야 양파처럼 空이 될 뿐, 아으
 난 앞으로 심혜진을 보며 절제를 생각하겠다 목마르면 보리차나 드라이하게 한잔, 쏠리면? 에이 에이즈 땜에……
 빈 코카콜라 병은 어따 쓰게, 그거야 화염병으로라도 쓸모가 있으리니
 난 느껴요──가끔은 코카콜라 든 심혜진의 미소가 폐수 위에 핀 연꽃처럼

수제비의 미학, 최진실論
―― 안 이쁜 신부도 있나, 뭐

수제비도 압구정동 레스토랑에서 팔면 고급 음식이 되듯
그 어떤 후진 시들도 활자화시켜서 시집으로 묶어놓으면
그럴듯해 보이듯, 귀엽게 삐죽대는 최진실의 말처럼
 시집가는 날 식장의 신부치고 안 이뻐 보이는 신부는 없다

　――남편 사랑은 가끔 확인해봐야 해요

 그러나 확인이 안 되는 세상, 구중궁궐 면사포를 씌우고 신부 화장을
 시켜놓고는 미인이여 후다닥 통과 통과, 어? 뭐가 똥이고 뭐가 오줌이랑가
 감동이 메아리치는 작품은 정작 미아리로 보내고
 엉덩이에 뿔난 작품의 뿔에 화려한 화환을 걸어주는 세상
 뭐가 진실이냐? 칼릴 지브란의 시집을 사보는 국문과 대학생이
 황지우가 누군지 모르고 정복자 펠레는 아예 브라질에서 축구를 하고
 불가해함이 난해함으로 칭송받고, 이, 철저한 가부장

제 사회에서
 실추된 가장의 권위를 회복하는 내용의 영화가 '좋은 영화'로 선정되고
 써서 신부 화장만 시키면 다 시나리오고 대본이고 작품인, 쥐나 개나, 의 거리
 신부 화장을 한 예술들과 신부 화장을 한 예술가들 휘날리는 면사포에
 놀아나는 카오스의 안목들, 영구나 땡칠이로 도배를 하면서 저질 직배 영화 결사 반대! 이보시오 벗님네들,

    ——관객 사랑도 다 하기 나름이라구요

 똥투간 안에서는 구린내가 나지 않는 법 나오라 나와 보라, 신부 화장에서 흘러나오는 구린내가 온 땅에 미아리치지 않는가
 간판마다 미소짓고 있는 신부 화장을 한 작품과 안목의 얼굴들, 비디오의 ▷▷화면처럼
 신나게 돌아가는구나 세상을 뜨는 새와, 미지의 새가 ▷▷ 날아가고
 온갖 玉과 石이 뒤죽박죽 함께 촐싹대며 지나가는구나

할리우드 미학, 브룩 실즈 미학으로부터 벗어나 한국의 수제비 미학을
 독자적으로 완성시킨 이 시대의 自然스런 얼굴, 노자적 얼굴 최진실이
 톡 쏘는 앙증맞음으로 그 진실을 이미 지적한 바 있지 않는가

　　──피, 안 이쁜 신부도 있나 뭐

바람의 계보학, 이지연論
—— 바람아, 멈추어다오

선거 바람이 불면, 모두들 바람을 일으키려 바람 바람 바람
코끝이 닳도록 동분서주하지만 정작 선거가 끝나고 보면
바람 몰고 왔다는 자들 태풍 사그라지듯 자취도 없고
임자는 언제나 따로 있구나 철학자 김용옥 선생 말씀대로
신라의 바람신이 아직도 이 땅의 헤게모니를 잡고 있어 그런가?
신라의 토착 종교 風流에서, 그 신도들 후손의 피바람으로 이루어진
國風 81, 김범룡의 바람 바람 바람, 바람자만 붙으면 붐붐 히트하는
최근 가요계 현상까지, 수천 년 변치 않고 이어지는 우리나라
거대한 바람의 계보, 바람잡는 역사

유능한 야바위꾼일수록 바람잡이를 많이 거느린다지

바람이려오, 바람 잔뜩 몰고 온 줄 알았다가
솔바람만도 못한 득표를 한 어느 후보자는 늘 바람이

바램으로만

  끝나는구만 투덜대며 바람에 옷깃이 날리듯 떠나가고
  신바람 난 승리자는 늘 표정 관리를 하며 약속은 바람처럼
  사라져버리는 선거 바람의 길고 긴 뒤안길
  찬바람이 불면, 잊은 줄 아세요 하지만 어디 쉽게 지워질 상처인가
  수천 년 동안 우리의 뇌리에 눌러붙어 있는 신라 바람신의 포효,
  그 바람교도들의 후예 앞에서 바람 운운하는 건 뻔데기 앞에서
  주름잡는 격, 주름잡힌 절망, 가수 이지연이
  수천 년 묵은 바람신의 거대한 그림자를 향해 애절하게 외친다
  바람아 멈추어다오!
  바람아 멈추어다오!

  그러나, 바람의 고삐를 잡고 사투를 벌이는 척, 뒷구멍으론
  바람잡이 역할로 떡고물 범벅이 되는 놈들 너무도 많

은 이 땅에서
　바람든 무우 같은 이 땅에서

　바람신의 위력은 바람 탄 풍차처럼 갈수록 현묘해지는 구나

> *이 글은 최치원의 風流에 대한 김용옥 교수의 새로운 해석을 시로 재구성한 것임을 밝혀둔다. 김교수는 난랑비서에 나오는 玄妙之道, 曰風流는 "현묘한 신(바람)의 길"이라는 의미로 해석해야 한다고 말하고 있다. 즉 그것은, 신라인들이 풍류를 즐겼다는 뜻이 아니라, 신라인의 야훼가 바람이었다는 것을 의미한다는 것이다(『나는 불교를 이렇게 본다』, p. 165 참조).
> **「바람이려오」「바람에 옷깃이 날리듯」「약속은 바람처럼」「찬바람이 불면」: 각각, 이용·이상우·민해경·김지연의 노래.

미인병

 소시 적 난 비비안 리에 뽕 가서 한 달간 식음을 전폐한 적이 있다
 그뒤로 내가 섭렵한 배우가 만만치가 않은데, 문희 리즈 테일러 남정임 지나롤로 브리지다 정윤희 안 마가렛 전인화
 이자벨 아자니 선우일란 피비 캐츠 최수지, 어이구 숨차……
 이미연 등이 바로 그들이다 바로 이들이 날 영화 공부에 관심갖게 만들었다면 욕 바가지로 얻어듣겠지만
 솔직히 말하겠다 난 미인이 좋다
 세상에 미인 안 좋아하는 놈 없겠지만 난 정도가 심하다
 사실…… 난…… 미인이 아닌 여자는 마구 구박해왔다
 프라이버시지만, 옛날 올리비아 핫세 닮은 여자도 뻐드렁니란 이유로
 차버렸다 물론 나도 차인 적이 있다 차고 차이는 게 남녀 관계 아닌가
 그러는 날 두고 어머니는 여자가 낯바닥만 히멀쑥하면 뭘 해 속이 차야지 근심 어리게 쳐다보시고
 어떤 선배는 그거 직업병이지 직업병이야 낄낄댄다
 오늘 아침도 난 「물의 나라」 영화 광고에 나오는 심혜

진의 요염한 미소와 함께 시작했다

(그녀는 후기 산업 사회 씨에프 문화가 만들어낸 하나의 미적 징후이다)

어쨌든 물의 나라 때문에, 까맣게 잊고 있었던 어항 붕어 밥을 주게 되었는데 불현듯, 제법 그럴싸한 화두가 떠오르더란 말씀이야

진짜 물의 나라 속에도 붕어 심혜진이 있는가?

과연 내가 느끼는 아름다움을 물고기도 공감할까

물고기 얼굴에 난 어떻게 보일까 히힛, 짱꼴라 주윤발? 짱꼴라 장자 형님은

이렇게 말했것다, 화용월태 서시도 물고기 앞에선

별 볼일 없는 괴물이라고 지느러미야 물고기 살려라 도망간다고

참, 장자 형님도 너무하셔 어떻게 그런 혁명적 개벽적 발상을……

미녀를 보면 물고기처럼 허겁지겁 내빼는 유하의 모습을 상상해보라

앞으론 미인병에 걸려 골골하는 자들에겐 물고기 그림을!

나도 미인병인데 너도? 쿼바디스의 기독교도처럼 은밀

히 물고기를 그림으로 주고받다 로마 병정 같은 미인이 오면 얼른 지우는 거지

  특히 영화배우를 사랑하시는 분들께 상어 브로마이드를 하나씩

  이젠 영자의 전성 시대가 아니라 장자의 전성 시대

  난 중대 결단을 결심했다 구국의 차원에서 아니 인류 평화를 위해 아예 물고기가 되기로

  그놈의 미인병 땜에 그 동안 얼마나 천추의 한을 남겼는가

  비비안 리여 이젠 바람과 함께 사라지거라 클레오파트라 역사의 콧날도

  밥을 많이 먹어도 배 안 나오는 여자, 페티시즘의 야한 여자도

  지상의 모든 35-24-35의 신화도 사라지거라 난 물고기가 될지니

  물고기가 돼서도 美魚만 사랑할 나이지만 쯧쯧

강아지풀처럼 그저 흔들릴 뿐

내 사랑 그대를 사랑하기 위해
있는 것 아닙니다
그대 사랑 날 사랑하기 위해
태어난 것 아닙니다
우린 그저 하늘 아래 강아지풀처럼
흔들리고 흔들릴 뿐입니다
그러던 어느 날
바람에 풀씨 부딪듯
나 그대 눈빛 그렇게 만났습니다

내 사랑 그대를 위하여
있는 것 아닙니다
천지가 강아지풀
어질게 키우지 않듯
내 마음속 그대 사랑
강아지풀처럼 그저 흔들리고
흔들릴 뿐입니다

난, 까치 울음에도 쉬 허물어지는

가건물 우에서 까치가 울었습니다
그대 얼굴이 새벽 서늘한 공기를 건너와
기쁜 소식인 듯 귓가에 스쳤습니다
그러나 뒤돌아보면 늘 바람만
뭉클하게 날 끌어안았습니다
바람 내음만 찡하게 코를 찔렀습니다
그대 나를 모르기에
사방천지 뭉클하지 않은 것이 없습니다
그대 나를 모르기에
내게 허물어지지 않는 것이 없습니다
먼지 풀풀 날리는 갈라진 길바닥
그대 빗방울처럼 먼 길 일으켜 올 때까지
난 까치 울음에도 쉬 허물어지는
가건물로 서 있습니다

Ⅲ. 정글어가는 하나대를 바라보며

대숲을 보며

시푸른 청개 가실 날 없네
잘 날 없는 바람 매질에
분주히 등 굽혀가며
등 굽혀가며
시푸른 청개 가실 날 없네

그러나 그 어떤 삶이 있어
저리도 옹골차게 울창하리
구부러짐으로 온전할 줄 아는
청개든 지혜여

나도 대숲으로 가 대숲처럼
온몸으로 구부러지는 법 배우고 싶네
청개들도록 울창하고 싶네

*청개: 멍.

내 마음의 다람쥐 꼬리

내겐 꼬리가 하나 있었다네

일곱 살 적, 모양성 밟기 가장행렬 하던 날
어머니가 밤새 만들어주신
다람쥐 꼬리

기린 하마 원숭이 토끼 틈 속에서
유독 구경꾼의 웃음을 자아내던
내 다람쥐 꼬리
난 그 기다란 꼬리가 하도 창피해
고창천(高敞川)에 버렸다네

잘 가거라
내 다람쥐 꼬리야

그 꼬리와 내 육신 사이 멀어질수록
꼬리 생각 간절하게 났다네
은밀히 버린 추억들 시간이 흐를수록
꼬리에 꼬리를 물고 떠올랐다네

그러나 꼬리가 길면 잡히는 법
기어이 난, 지금
말꼬리 잡히지 않으려 끙끙대는
시 쓰는 사람이 되고 말았다네

정글어가는 하나대를 바라보며

한 마을이 정글어갑니다
들꿩 한 마리 잘 익은 단시감 같은 석양을 데리고
당산뫼 솔숲을 넘었습니다
저녁 짓는 냇갈이 콧날을 시큰하게 스치며
빈 몸의 들판으로 뿌옇게 몰려갑니다
바람불면 들판에 버려진 나락들
냇갈과 어울려 춤을 춥니다
탱자나무숲엔 온통 참새들이 탱자처럼 대롱댑니다
뒷잔등 밭엔 매놓은 맴생이 한 마리 매에에——
대숲의 깊은 정적을 가만히 흔듭니다
말라붙은 고추가 북새 노을처럼 마지막 빛을 냅니다
둠벙의 송사리들 시린 배를 부비며 잠자리를 고르고 있습니다
깨벗은 나뭇가지 위 붉은 까치밥 하나 홀로 어두워갑니다
외양 정지 텅 빈 여물통을 기웃대던 새앙쥐
토방 밑 쥐구녕 속으로 쪼르르 기어듭니다
이윽고 망구들의 더듬더듬한 잔기침 소리처럼
봉창에 지자고구마 불빛 몇 개 맺힙니다
오, 정글어가는 한 마을이

저 모든 것들을 오래오래 길러온 어머니였습니다
그 어머니 이제, 가실비 젖은 짚벼눌처럼
온 삭신 흙 속으로 꺼져가려 합니다
꺼져가는 어머니 안간힘으로 일으켜세우기라도 하려는 듯
숲이란 숲 왼갖 새들이 울대가 터져라
어둠이 터져라 일제히 악다구니로 울어쌉니다
귀 먹먹한 새 울음에 툭 솔방울 하나 구르다 멈추는 그곳,
깊이 깊이 정글어버린 한 마을이 있습니다

햇빛, 달빛, 별빛

가을 들판에 참새 떼처럼 내려앉는
오후의 햇빛이여
갈대숲 강아지풀 어루만지며
수랑골 방죽 위에 뛰노는 달빛, 별빛이여
아, 이 대지 위의 빛 잔치
대지는 늘 흥청망청 잔치를 여는구나
보아라 무진장으로 해가 꾸어주는 저 빛을
달과 별이 빌려주는 저 빛을

오후 다사로운 햇빛 빛더미로 쏟아지는
가을 들판 눈물 하나로 흔들린다

굴뚝새가 사는 마을

굴뚝새 한 마리 찡—— 눈시울을 이끌고
소나무숲으로 숨었다 달려가보니
하늘만 한 조각 남아 있을 뿐 자취도 없이
사라져버렸다 헛것을 봤나
살아 있는 것과 헛것의 사이에서
쥐방울만한 굴뚝새 하나
있는 듯 없는 듯, 산다
작고 약한 것들은 죽음도 보이지 않는구나
삐비 부는 엄벙이 살가지 울음
때때때때 날아가던 때때시, 온 동네를
보릿대 튀는 소리로 뒤덮인 희뿌연 모깃불
꼰장기 팔던 엿장시 가새질 소리
움막 구석대기에 웅크린 꿈벅꿈벅 씨돈의 눈동자
여기, 살아 찡하게 숨쉬고 있던 것들 어느새
굴뚝의 연기처럼 다 흔적 없이 사라지고
굴뚝새 저 혼자 남아 굴뚝의 텅 빈 숨길처럼
하나대를 스쳐간 자리, 쫓아가보니
살아온 날들이 헛일이었다고
쏴아아아 소나무들의 눈물바람 고인다

무장 점백이 아재

 무장 차부 옆 점빵엔 늘상 점백이 아재가 차표를
끊어주고 있었네 해리 상하 법성, 고창 흥덕 정읍
 사방간디로 오라이! 빠꾸!를 외치며 볼따구니의 점 위로 난
 세 가닥 털을 버릇처럼 비비꼬고 있었네 점빵의 풍경이라곤
 등나무에 윙윙대는 호박벌, 또뽑기 라면땅 봉다리와
 거무튀튀 매달린 쓰리미에 붙은 쉬포리 몇 마리로
 물짜게 보여도 점백이 아재, 장에 가는 일가 한 사람 역실로
 돈 없당게 하면 차표 한 장 목 마르당게 아이스케키 한 개
 진장마틀, 씨부렁 씨부렁 쥐어주곤 했네 한지깥 흙바람
 목새바람 불어 항시 똥때 눌어붙은 황소 넙떡치처럼
 흙땟국에 절어 있던 점빵 문짝, 그래도 상하행 삼남여객 타고
 무장 지날 적 흙이 점점이 박힌 점백이 아재네 그 점빵 문짝 보면
 하나대와 삶은 죽순 내음의 할아버지 품속 무장무장
 가까워온다는 기쁨에 눈물바람 살짝 삐비 소리로 맺히

곤 했네
 그러나 차표 같은 세월 무수히 지나, 점백이 아재네 점빵
 무장서 선운사까지 난 포장도로처럼 폼나는 슈퍼로 바뀌고
 아재 뺨의 큰 점딱지도 큰돈 주고 그짓깔처럼 지워버렸네
 그 후론 아무도 그곳에 쉬어갈 수 없었네
 쉬포리 한 마리 드나들 수 없었네
 유난히 덜컹거려 옹삭스레 넘어가던 무장 고갯길
 이젠 점백이 아재 얼굴처럼 거치적거릴 것 없이 휑하니 스쳐갈 수 있지만
 해리 상하 차표 끊던 까장까장한 그의 목청
 오래 전에 끊어진 무장 차부 지날 때면, 어쩐 일인지
 점백이 아재의 점처럼 점점이 지워져간 것들이
 눈에 선하니 떠올라 덜컹덜컹 나를 흔드네
 무장무장 옹삭스럽게 나를 붙잡네

삼백 년 묵은 규목나무 아래 서면

    삼백 년도 훨씬 넘은 규목나무 아래 서면, 아득하게
들린다, 해리장 서는 날 하나대 상라대 사람들 새벽같이
일어나 뗏국 절은 얼굴로 사박사박 십 리를 걷는 소리
해리 국민학교 동그란 운동장 누런 콧물의 아그들이
대빗자락에 책보처럼 매달려 햇살처럼 콩닥거리고 있을 때
    동호 바다를 한 가마니 실은 소금 구루마 비렁내의 콧짐을
내뿜으며 장판으로 들어서고 할머니 손 잡은 나의 얼굴에 스쳐
    화한 냄새로 꼬실꼬실 분주히 펄럭이던 색색의 치마들
야가 석전떡 손주당가 아따, 즈아배 영판 타겠시야 고놈
똠발똠발 볼강하게 생겼네 히히호호 입에 침을 튀기던
할머니 모시래 동무들 아짐들, 앙꼬 풀빵을 뒤집고 있던
대치미떡도 호박엿 끓던 보촌떡도 내 고사리 손엔
공짜로 무지하게 쥐어주고, 요놈 꼬치 한번 만져보자
해리극장엔 내가 봐도 엄벙하게 그린 신성일 엄앵란의
맨발의 청춘, 종갓집 며느리 할머니의 고무신 발걸음 종종
    두름으로 엮인 굴비들의 벌린 입으로 들락대는 쉬포리

쇠똥의 수렁을 밟은 소장시들 싯누런 이빨 알록달록
꼰장기 참빗 민경 동백지름 구리무 사자표 성냥
내 입에선 풀빵이 터져 앙꼬가 달짝지근 넘쳐나고
와따메, 할머니 장봇짐 속엔 뭐가 그리 미어터지던지
해찰하지 말고 싸게 가자 할머니 거친 손마디에 잡혀
장도 파하기 전에 자꾸만 해찰하며 해찰하며 구수한 국밥,
냄새만 맡듯 꿀떡 아쉽게 떠나가던 그 자리
아, 언제까지나 한결같이 훈풍으로 둥근 손 치렁치렁
흔들어주던, 아름드리 규목나무 한 그루
한 삼백 년 드리운 그늘 장막에 한지깔 흙바람도 쉬어가던
그 규목나무, 세월의 먼지 쓸어 귀 대어보면

들린다, 시끌벅적 해리장 사람들 왼갖 비릿한 장봇짐
늙은 가슴 미어터지도록 들여앉혀놓고
살아생전 내뻗은 그 긴 그림자 쓸쓸히 거둬들이며
저 홀로 적막의 장판 벌이는 소리

육자배기, 손가락 하나 더 있던 이야기

 육손이가 돌아가는 삼각지를 부르면 둥근 달은
유성기 판처럼 푸른 저녁의 숲 위로 둥근 물그림 그리며
돌아가고 대숲의 샛길 돌아가던 술고래 육손이 아버지
박산 양반의 육자배기 터져오르면, 산삐둘기 떼 자올다 푸드덕
 어둠의 떨판 속으로 꺼꾸러졌다 숲의 빛나던 나무들
 육자배기에 만취했다 잔나비처럼 술취한 팽나무를 타고 오르던
 육손이, 쪼르르 잘도 오르던 여섯 개의 손가락, 지미, 저 징상스런
 짐승 우는 소리, 산삐둘기 둥지 속의 당갈을 애비에게
던지고, 저, 저런 후레자식, 노랗게 터지던 당갈들, 달달빛
 ……속으로 잔나비처럼 샛길을 돌아 돌아 아주 돌아가 버린
 삼각지, 판이 칙칙 튀듯 육손이 술김의 혓바닥이 헛돌며
나 가수 됐당게, 낭구에서 떨어져 가수 됐당게 스텐드바
오색등은 돌아가고 붉은 불빛 아래 펴보이던 다섯 손가락
 잔나비의 육손 하나가 싹둑 프레스의 나무에서 떨어

진 후

　아슬아슬 나무 안 타기로 했다는 돌아가는 삼각지
　육손이를 낳았다고 적삼에 삐둘기 당갈 노랗게 적시던
　저주의 애비 빠져죽은 깨굴창, 깨굴창에서 빠져나왔다고
　자랑스레 펴보이던 다섯 손가락 취한 숲을 우수수
　흔들 듯 오색등 빛의 나무 위로 푸드덕거리던 그의 돌아가는
　삼각지, 돌아가던 대숲의 샛길 아래 흠씬 취해 흔들리던
　달빛 먹은 나무들 간들간들 나무의 세상 단단하게 붙잡고
　매달리던 육손, 마침내 스르르 풀리며 어둠의 떨판 저편으로
　아무 매가리없이 떨어지던 육자배기 소리 하나, 둥지 속
　산삐둘기 당갈같이 어둠의 샛길 저편으로 함부로 던져져버린,
　육손처럼 손가락 하나 무담시 더 있던 이야기

그루터기, 잘린 팔뚝 같은

쉭쉭 피댓줄이 돌아가고 간지러움이 엄습해왔다
쥐벼룩 같은 눈이 내려 벼 그루터기를 덮쳤다
방앗간의 나락들 수없이 싯누런 허물을 벗는 동안
피댓줄에 감겨 나락과 함께 짓찧어진 아재의 팔
아아악 싸리눈 밑에서 벼 그루터기의 단말마가
들려왔다 방앗간의 쥐벼룩들이 콩콩 튀며 핏방울처럼
방앗간의 쌀눈 위에 흩뿌려졌다 그 아픔이
내겐 왜 간지러움으로 휘돌았을까 칙칙칙칙
시커먼 방아의 바퀴는 무섭게 콧김을 내뿜으며 돌아가고
펄럭이는 옷소매 속에서 말없는 벼의 팔뚝, 마침내
팔뚝 하나 바치고 낳은, 눈처럼 신생의 뽀얀 살이
터트리는 아기 울음, 그 끔찍한 적막 속으로
쥐들은 냉막한 표정으로 스멀스멀 다가오고
난 간지러움을 참지 못하고 들판에 나갔다
싸리눈에 뒤덮인 겨울 들녘 난 한 마리 쥐벼룩처럼
폴짝폴짝, 아아, 그곳엔, 지상 맨 처음 눈의 시간부터
눈 같은 살결을 퍼올리기 위해 무수히 잘려져나간,
피댓줄에 걸려 나락과 뒤섞여 나락으로 떨어져나간,
방앗간 아재 수많은 팔뚝의 그루터기들이 싸리눈을 뚫고
일제히 솟구쳐 하늘만한 들판을 으으으으아——

눈부신 비명으로 들썩 들어올리고 있었다 난 여전히
벼의 팔뚝들을 쟁여논 짚벼눌 사이를 간지럽게
뚫고 지나는 쥐벼룩처럼 촐싹이고 방아는 시커먼 무쇠의
몸체를 휘돌리며 무심히 돌아가고 아재의 옷소매는
땅속에 끌텅을 묻은 그루터기 하나
휘감은 채 휭하니 펄럭거리고

오리털 파카에 관한 한 생각

귀 떠날라가는 한겨울, 에스에스 패션
오리털 파카를 두둑이 입고
보송보송 걸으며 어쩌다 쩨깐한
오리털 하나처럼 삐져나오는
생각, 무리지어 뚱구적 뚱구적 걸어가는
도날드들의 떼죽음, 달궈진 철판 위에
동그랗게 오려진 육신을 지글지글 태우고
깃털마저 빼앗긴 원혼들이 내 주위에서
추위에 떨며 꽥꽥거리는 느낌이야
산 목숨 하나 뻑적지근하게 덥히기 위해
이렇게 많은 죽음이 필요했다니
아니, 이 헤아릴 수 없는 죽음으로
고작 산 몸뚱어리 하나 덥혔다니
그래, 세상엔 파카 속에 숨겨진 오리털만큼 많지
수없는 원혼들의 입김으로 자기 뱃가죽 하나
따뜻하게 보온하는 자들 그런
한 생각 골몰히 일으키다보면 어느새 어린 날,
해로운 새라고 쩝쩝 처마를 뒤져 닥치는 대로
잡아먹었던 참새들의 시신들이 와아악
목구멍 가득 떼거리로 올라와, 걷다보면

짱짱한 바느질의 천 틈으로 삐져나와 사뿐
눈송이처럼 땅 위에 내려앉는 오리털 한 개
죽음도 바득바득 누벼논 생의 바느질 틈새로 기어이
삐져나와 터럭처럼 차디차게 내려앉을 것을,
나는 늘 새털 같은 환희의 나날 쪽으로
등 따숩게 훨훨 날아가는 꿈만 꾸었지
숱한 怨의 오리털 옷을 지으며

막차의 손잡이를 바라보며

겨울 늦은 밤, 텅텅 빈
17번 버스를 타고 귀가하는 길에
여럿 딸린 동그란 입의 식구들과
하루의 이야기들을 딸그락거리며
죽하니 가로로 서 있는
버스 손잡이를 언제나 그렇듯
무심코 바라보았습니다

온갖 삶의 부스러기, 버려진 입김들이
차창의 성에로 번져가는 어둠의 버스 안
그 생명 없는 버스 손잡이를
한없이 바라보고 있으려니까
시큰 허리가 아파왔습니다

오만 잡동사니들의 억센 손아귀에
온 삭신 다 내주고도
묵묵히 딸린 동그란 식구들을
딸그락 딸그락 어르면서
삶의 종점으로 저물어 돌아가는 버스 손잡이

난 얼마나 삶의 까탈 부리며 살아왔던가요
버스 손잡이 같은 사람들이
버텨주는 한세상
흔들거리는 이 땅에서 여태껏
난 그 누구의 손잡이도 되지 못하였습니다

두꺼운 삶과 얇은 삶
―― 김현 선생님을 추억하며

한국 문학의 위상을 품으로 들고 다니고
김현 김윤식의 한국 문학사를 밑줄 그어가며
당일치기 문학개론 시험 공부를 하던 대학 시절
나와는 늘 상관없는 세계에서 근엄하게 앉아계신,
만약 만나기라도 한다면 요놈 하고 내 무식의 골통을
출석부로 갈기실 것 같은 분쯤으로 알고 있었는데,
어쩌다가 시라는 걸 쓰게 되고 그리고 그분에 의해
강호에 내보내진 후, 막상 처음 찾아뵈었을 때 난
대학 시절 내 상상이 얼마나 터무니없었는가 당혹스러웠어
방안에 흐르던 인도 음악 따스한 녹차처럼 그분의 말씀은 너무도
잔잔하고 편안했지 영화 노스탤지어 얘기를 하면서
난 그 느리고 지루한 화면이 재밌습디다 하셨을 때
난 책읽기의 괴로움을 떠올렸어 자신이 온몸으로 느끼는
감식의 괴로움을, 타인에겐 오디 맛 무화과 맛 온갖 깊은 맛의
즐거움으로 전도시켜 말해주실 수 있는 건 이미 삶의 내공이
노화순청의 경지에 들어섰기 때문이 아닌가 히히거렸지

언젠가, 첫 시집을 전해드리고 반포 건널목 앞에서
그분과 헤어질 때였어 누가 뵈러 와도 늘 그래오셨듯이 당신은
내가 멀리 사라지는 순간까지 그 자리에 미동도 없이 서계셨어
난 그분의 공전절후한 탁월함의 세상 읽기도, 사실은
그 어떤 시원찮은 삶 앞에서도 결코 먼저 돌아서는 법 없이
그것의 떠남을 끝까지 지켜보시는 저 깊고 찬찬한 모습의
두께 속에 숨겨진 일부분이 아닐까 생각했어
아, 난 얼마나 생을 쥐새끼처럼 찰찰거리며 읽고 있었는지
버스 뒤창으로 당신이 마침내 하나의 마침표처럼 보일 때까지
무엇이 두꺼운 삶이고 무엇이 얇은 삶인가
그분은 끝없는 질문을 내게 던지며 서계시는 것 같았어
그것이…… 내게 비친 그분의 마지막 모습이었어

왕재산, 눈 내리는 무덤 가에 앉아

흙으로 돌아갈 수 있는 것들만 여기 모여
둥그런 무덤 같은 산을 이루었구나
솔가지를 껴안은 칡순들 저 혼자 깊어져
주검 근처로 혀뿌리를 뻗어내리고
산꿩 한 쌍 이승의 눈꽃 춤을 시리게 몰고 와
살아 있는 자의 몸 속으로 날개를 접는다
구시포의 바다를 통째로 싣고 날아온 바람의 달구지
흙의 무덤 위로 까마득히 굴러, 달그닥달그닥
이슬 먹은 할아버지 수염에 파묻혀 자올던
내 추억의 문풍지를 분패 때리는 바람의 돌바퀴
 한 가마니 퍼붓는 눈송이는 총총했던 달구지 위의 별들로
희뜩희뜩 피어오르고 상수리나무를 휘돌아온 바람이
토해놓는 뻐사리 울음, 내 눈은 어느새 하얗게 저물어,
지척이 쉬 부서질 죽음의 흙바다인 것을
삶은 왜 이리 온통 눈앞을 가로막는 눈발의 숨가쁨인지
나무들은 세월을 먹은 만큼 허허로이 등을 굽히고
 살아 묵묵했던 것들만, 이따금 메마른 솔방울처럼 툭 떨어져내려
둥글게 낮아져가는구나 겨울 왕재산

그 옛날 온갖 삶의 두런거림을 송장빛으로 내장한 채
칡순의 혀뿌리처럼 깊어가는 흙의 침묵이여
무시로 닥치는 낯익은 죽음들의 등허리를 휘어놓듯,
저 밑 아득히 웅크린 생의 한 구석대기를
얼마나 더 눈보라 눈보라로 떠밀어
무덤산을 넓히겠느냐

저어기, 얼마 남지 않은 여생의
뿌연 굴뚝 냉갈 쪽으로 푸드덕
늙은 산꿩 부부 눈물처럼 깃들여간다

  * 왕재산: 하나대 부락 뒤를 에워싸고 있는 산.

대숲의 떨림처럼

대숲 속 깃들인 산비둘기 뜨거운 가슴조차
당신 입김처럼 전해지는 밤이었습니다
난 달빛 한 올에도, 자지러지듯 흔들리는
대숲의 떨림을 보았습니다
그 극진한 떨림 속에서
지상의 바람 한 점 새 한 마리 기다리는
대숲의 뼛속 깊은 마음 마디마디 울려왔습니다
나 당신을 기다리던 날들의
무수한 떨림을 기억합니다
대나무의 푸른 기운 밤하늘에 충만하던 태초의 날로부터,
바람 하나 기다리는 순간에도
골수까지 텅텅 울리듯 떠는 대숲을 보며
그 기억 숨기고만 싶어집니다
대숲에 안겨 잠들던 것들 하나둘 깨어나
새벽 산비둘기 떼 깃을 치며 그곳을 떠나갈 때에도
달빛마저 산 너머로 마지막 남은 머릿결을 거둘 때에도
텅 빈 뼈 터질 듯한 푸르름의 피리 소리 나도록
극진히 떨고 있는 대숲 앞에서,
가물디가문 날의 성긴 빗방울 같은 사람이여

당신 땅을 가라앉힐 듯 소나기로 온다 한들
나 그것을 기다림의 끝이라 말하지 않겠습니다
당신 새벽 산비둘기처럼 달빛처럼 떠난다 한들
뼛속까지 울리는 기다림의 떨림 그친다 말하지 않겠습
니다

할머니, 젖은 나락 말리시네

할머니 젖은 나락 말리시네
늦가실 장마비에 젖은 나락 말리시네
갈쿠리로 긁어모은 마른 솔잎 같은 늦가실 햇살에
젖은 나락 아지랑이 피우며 모락모락 말라가네
젖은 나락 아지랑이 속, 가마니 걸머진 할아버지 어른거리네
방천났시야 방천났어, 흰 수염 작달비에 적시며 넋 잃고
큰베미로 달려나가는 할아버지 뒷모습 흔들리네
젖은 나락에 할아버지 손때 묻은 삽이 춤추네
방천난 큰베미 무너져내리는 시뻘건 황토흙
할아버지 삽을 쥐고 억센 장마비와 씨름하시네
빗물에 떠내려가는 옹골진 벼를 바라보시며 워메
망연자실한 할아버지 얼굴 얼굴 젖은 나락에
눈물처럼 배어나오네, 혀 끌끌 차며 할머니 한숨을 밀어내듯
당그래로 덕석 가득히 젖은 나락 저으시네
동냥치 오면 한 쪽박 나락을 넣어주시곤 하던 할머니
그 깊고 깊은 대숲의 그늘 같은 그림자 좇아
때끼, 역정내시던 할아버지 음성 잔잔히 서성이네
이내 젖은 나락 말라가는 물기 따라 할아버지 떠나가네

미영새 한 마리 할아버지 걸음 왕재산으로 이끌어가네
　할머니 버려진 늦가실 볕을 끌어모아 젖은 나락 말리시네
　할머니 감나무 꼭다리 매달린 홍시의 버거움 같은
　젖은 한평생 말리시네

그 빈집

빈집이 헐린단다
무궁화꽃이 피었습니다
무궁화꽃이 피었습니다
한낮 술래에 울먹울먹 뒤돌아보면 단수숫대 몇 개
집도깨비처럼 흔들리던 그 빈집 헐린단다
집도깨비도 허리 꼬부라져 나가버린 빈집
얼마 전엔 며느리한테 버림받은 구십 넘긴 등꼬부리
두 망구가 마늘 한 가지 것에 포도시 끄니를 때우며
지푸락처럼 부시럭 부시럭거리던 그 빈집
모진 목숨 죽고 싶어도 숨이 넘어가질 않아
시방이 인공 땐지 어쩐지 모르고 살아간다는
망구 내외는 기연시 수면제 먹고
허퉁하게 그 빈집을 떠나갔다 그날은
오살허게 돋아난 잡초들만 두런두런거렸다
그 오랫동안 빈집으로 살아도 숨이 넘어가지 않아
두 망구 주름투성이 다리처럼 후들대던 기둥
그 써금써금한 빈집이 헐린단다
무궁화꽃 외치던 아이들 다 자라서
어디선가 와글와글 큰집 메우고 있을 이 시간에
수면제 먹이듯 면사무소의 돈 몇푼으로
그 빈집 끝내 우수수 헐린단다

삽을 든 아재

삽을 든 아재가 간다, 몇 달 걸려 밭을 논으로
바꾸는 일이 끝난 해거름녘, 풍년초로 말은
쓰디쓴 담배 연기 쿨룩대며, 그의 일부분인
삽이, 익숙하게 노을 속으로 푹 박힌다, 멀리
오래 된 아재의 기침처럼 털털거리는 탈곡기 소리
오늘 하루도 삶은, 삽의 얼굴에 골 깊게 눌러박힌
딱딱한 흙 같은 것이었다, 지평선을 타고, 아재가 간다
팔뚝 같은 삽을 데리고 논치는 일은 끝났다
고추밭의 흔적이 아직 삽의 가상 가상에 남아 있지만
방죽에 담그면 밭의 마지막 숨결도 치지직, 풍년초 담배처럼
꺼질 것이다 이, 노을의 땅에, 홀로 남은 삽 하나가, 밭 한 마지기
달래줄 수 없다는 걸, 아재는 잘 알고 있다, 밭을
죽일 수밖에 없다는 사실이, 그래도 여기에, 푸른 모의
생명을 불어넣는다는 기대가 아재의 팔뚝을
긴장시킨다, 순간 빈 가슴으로 웅크린 마을 위로
냉갈처럼 떠오르는 참새 떼, 삽이 힘겹게 쇳소리를 낸다
이내 아재의 팔뚝도 가랑잎처럼 가라앉는다
밥짓는 냉갈 대신 새떼가 눈 맵게 아른거리는 건 이미

낯선 일이 아니다 팔뚝 빠지게 밭을 논으로 뒤집는 일
마을의 굴뚝은 말이 없고, 탈곡기 소리에 새소리만, 누렇게
나락처럼 흩어질 뿐, 삽의 걸음 따라 아재가 간다
흙에게 던지는 수없는 삽의 물음, 파헤쳐도
깊은 속을 모르는 흙은 여전히 대답이 없고, 내일 또
아재는 다른 밭을 죽여 논으로 바꿀 것이다
풍년초 독한 연기를 내뿜으며, 아재가 간다, 기우뚱
지평선의 외줄을 타고, 그의 일부분인 삽이
마지막 남은 노을을 거둔다

* 시작 메모: 지금 하나대에서는 밭을 논으로 바꾸는 작업이 한창이다. 잔손이 많이 가는 밭농사는, 그곳의 얼마 남지 않은 손으로는 너무도 버겁기에, 밭을, 기계로 어느 정도 농사가 가능한 논으로 바꾸는 것이다. 허나 논이 많아지고 풍년이 든들 무슨 신명이, 옹골짐이 있겠는가, 늙고 지친 손과 입 몇 개 남아 있는 그곳에서.

산비둘기 사냥

삼촌은 공기총을 손질한다
오늘도 해질 무렵이면 그는 산비둘기 사냥을 하러
저 칙칙한 대숲 속으로 들어갈 것이다
나는 집비둘기 모이를 주며 게걸스레 몰려드는
하얀 깃털들을 몇 올의 햇살처럼 눈부시게 바라보며
해거름 때마다 삼촌이 쏜 탄알에 무수히 죽어갔던
잿빛 깃털을 가진 야생 비둘기들의
침묵의 부리를 생각한다

그들은 왜 저 흉흉한 대숲 속에 사는가
어느 날, 집비둘기들을 따라와서는 기름진 먹이와
잠자리를 얻고 이젠 꾸르륵 집비둘기 우는 흉내를 내며
깃털도 희번드르르해지는, 몇 마리 산비둘기처럼
탄알 빗발치는 저곳을 떠나지 않는 것일까

대숲 너머로 피어난 노을에 날갯죽지를 적시며
산비둘기가 날아온다 변해버린 옛 친구들의 마당 저편으로
그들의 날갯짓 소리가 무겁게 그쳐갈 때

삼촌의 공기총은 어김없이 어둠을 찢어놓는다
푸드덕

삶은 산비둘기의 시신이
삼촌과 내 입 안에서 갈기갈기 찢기고 있다
그런데, 기름기에 젖어 삼촌의 손에 묻어나온
이 조그만 잿빛 깃털은 무엇인가
영원히, 대숲 속 어둠의 빛깔로 남으려 했던
산비둘기의 깃털 하나가 끝끝내 무엇이길래
무심코 고기를 씹다 혀에 걸린
몇 개의 탄알을, 문득
몸서리치며 뱉게 하는가

냉기떡은 냉이 뜯고

어쩐당가, 캐어갈 사람도 없는데
쩌어기 들판 어덕 어덕
봄너물만 허천나게 돋아났네
너물 방천 터졌네

냉기떡은 냉이 뜯고
나분게떡은 달룽게 뜯고
개평떡은 개평으로 쑥 뜯고

너물 이름 아낙들
아낙 이름 너물들
꼽꼽스레 한자리에 어울려
온 들녘 구수한 국 냄새 퍼지듯
사방천지 그리도 너루었는데

그 아낙들 너물 뽑히듯
모다 어디로 떠났는가
절 속 같은 봄날
너물만 허천나게 돋아나
씀바귀가 쓰디쓴 잡초구나
달룽게가 달룽달룽 잡초구나

할머니

날 정글면
참새들만 도랑도랑 세상같이 날아들어
탱자나무숲이 차라리
따보시럽구나
어둠 속 저 울타리 너머
겨울 남새밭처럼
줄 것 다 내주고
빈 몸으로 묵묵한 마을이여

그래도 걸막 들어설 때면,
언제나 그 자리
부석작 대포리 튀는 소리 들린다
부뚜막 오가리 끓는 소리 들린다
살강 보새기 부딪는 소리 들린다
마침내,
실낱 같은 숨결로 피어올라
식은 밥 같은 하나대 감싸는
냉갈 하나

할머니!

점빵의 눈깔사탕

써금한 완행버스 타고 툴툴
망굴재 잔등 넘어갈 제
언제나 그 자리 불빛 서럽던 점빵 한 채
철 지난 과자 봉다리 몇 개
남포등 아래 부새부새 반짝이던
성냥갑만한 점빵 한 채

개야짐 속 구슬, 개구락지 울음처럼 딸깍딸깍
큰베미 밤 논둑길 담박질쳐, 술 받으러 가면
점빵 할아버지는 깊은 주름살로 웃으시곤
우리 강아지 오능가
내 입에 쏙 눈깔사탕을 넣어주셨다
입에 넣기 무섭게
눈송이처럼 사르르 녹아 없어져버리던
하얀 눈깔 눈깔사탕

세월 지나 망굴재 다시 찾았을 땐
그 점빵 어디에도 없었다
허허로운 아스팔트길
흰 눈만 눈깔사탕처럼 흩날리고 있었다

⟨해 설⟩

'하나대'와 압구정동 사이의 긴장

박 철 화

그는 변하지 않았다. 이미 '깨달음'이란 주제 *thème*를 중심으로 그의 시세계를 살핀 적이 있는 나로서는(3: 352) "유하의 시는 첫 시집에서 보여주었던 **두 가지 경향**에서 크게 벗어나지 않은 세계를 더듬어나가고 있다"는 남진우의 지적(2:223)에 어느 정도 동의하지 않을 수 없다. 어느 정도? 그것은 앞서의 내 글에서도 그러한 견해가 표명되었지만 무엇보다도 시인의 다음과 같은 발언이, 남진우의 견해에 전적으로 찬성할 수 없는 나를 부추기고 있기 때문이다.

『무림일기』 이후에 발표했던 시들을 정리해보면 크게 두 갈래로 구분된다. 하나는 「바람부는 날이면 압구정동에 가야 한다」류의 도시시 계열이고 또 하나는 「정글어가는 하나대를 바라보며」와 같은 농촌 문화의 몰락을 그린 소위 서정 시편들이다. 그러나 **나의 시적 내면에서는 이것들은 하나로 보인다.**
(5:79)

그런 관점에서 보자면, "유하는 뿌리 없는 문화에 대한 비판과 그 뿌리에 대한 복원이라는 과제를 동시에——그러나 **병렬적으로**——밀고 나간다"(6:227)라고 적은 이광호의 재치 있으며 애정어린 견해에도 나는 슬그머니 이의를 달고 싶어진다. 즉 시인에게는 두번째가 될 이 시집의 세계가 처음의 그것으로부터 그리 먼 것은 아니지만, 오히려 동일한 세계의 구체적 심화라고 말해야 하겠지만, 그의 시에는 병렬적으로 보이는 두 갈래의 구분을 가로질러 전체를 관통하는 하나의 시적 태도가 있다는 것이다. 여기서 새삼스러이 이제는 고전적 명제가 된 장 피에르 리샤르의 말을 들먹이고 싶지는 않다. 다만 나로서는 한 시인의 내적 체험의 구조를 밝힐 수 있어야 그의 시세계를 좀더 분명히 그리고 일관성 있게 이해할 수 있다는 사실을 언급해두고 싶을 뿐이다. 변하지 않은 그의 시적 경향에도 불구하고 새로운 글을 시작하는 이유는 바로 그것 때문이다. 시인도 그것을 의식하고 있었을까. 그는 이 시집의 여기저기에 그리로 들어가는 출입문을 만들어두고 있다. 그 출입문의 열쇠는 그의 고향 '하나대'이다.

잘 가거라
내 다람쥐 꼬리야

그 꼬리와 내 육신 사이 멀어질수록

꼬리 생각 간절하게 났다네
은밀히 버린 추억들 시간이 흐를수록
꼬리에 꼬리를 물고 떠올랐다네

그러나 꼬리가 길면 잡히는 법
기어이 난, 지금
말꼬리 잡히지 않으려 끙끙대는
시 쓰는 사람이 되고 말았다네
―「내 마음의 다람쥐 꼬리」

고향에서의 유년 시절과 시인이 된 지금의 자신을 이야기하고 있는, 조금은 안이한 이 시에서 보듯이 시인으로서의 그의 비밀은 간절히 생각나는 은밀히 버린 추억들과 관련을 맺고 있다. 꼬리에 꼬리를 물고 떠오르는 추억들은 그러나 소멸해가는 것들에 대한 추억이다.

거의 말라버린 추억의 그대 얼굴 파르르
내 뇌수의 나뭇가지에서 흔들렸다
―「비의 나무 숲속에서」

그러한 점점이 지워져간 추억이 그를 흔들고 붙잡는다. 그래서 그는 시인이 되었다.

오래 전에 끊어진 무장 차부 지날 때면, 어쩐 일인지
점백이 아재의 점처럼 점점이 지워져간 것들이
눈에 선하니 떠올라 덜컹덜컹 **나를 흔드네**

무장무장 옹삭스럽게 **나를 붙잡네** ——「무장 점백이 아재」

 정신분석학적 관점에서든 아니면 사회화라는 사회학적 관점에서이든 자신의 고향과 유년 시절을 시적 체험의 원공간으로 갖고 있는 것은 그리 새로운 일이 아니며(지나는 길에 얘기하자면 그것을 가장 적극적으로 감추고 있는 사람은 최승호일 것이다), 오히려 보편적인 것이다. 그 경향은 대략 두 가지 의미를 갖고 나타난다. 하나는 고향이나 유년 시절이 회귀의 지향점으로서 안온한 모성적 세계를 이룬다는 것이고, 다른 하나는 우리들의 삶을 전체적으로 지배하고 있는 문명에 대한 대척점으로서의 자연이다. 그것은 나름대로 충분한 의의를 지니고 있겠지만 아울러 위험성을 동반하고 있다. 황지우·기형도 그리고 유하 등은 그 위험성을 분명히 인식하고 있는 좋은 시인들이다. 거기에서 유하의 개성이 서서히 모습을 드러낸다. 그것은 '환경론적 위기 의식'이라는 이름을 얻는다. 거기에 이르기까지 우선 자연에 대해서:

> 나, 바람 속에서
> 내 몸짓으로 **당당히** 뒤흔들다
> 저 펄럭이는 갈대의 머리채처럼 온통
> 은빛으로 소멸해가리라
> ——「갈대는 스스로 갈대라 말하지 않는다」

> 그들은 왜 저 **흉흉한** 대숲 속에 사는가
> 어느 날, 집비둘기들을 따라와서는 기름진 먹이와

잠자리를 얻고 이젠 꾸르륵 집비둘기 우는 흉내를 내며
깃털도 희번드르르해지는, 몇 마리 산비둘기처럼
탄알 빗발치는 저곳을 떠나지 않는 것일까

〔………〕

삶은 산비둘기의 시신이
삼촌과 내 입 안에서 갈기갈기 찢기고 있다
그런데, 기름기에 젖어 삼촌의 손에 묻어나온
이 조그만 잿빛 깃털은 무엇인가
영원히, 대숲 속 어둠의 빛깔로 남으려 했던
산비둘기의 깃털 하나가 끝끝내 무엇이길래
무심코 고기를 씹다 혀에 걸린
몇 개의 탄알을, 문득
몸서리치며 뱉게 하는가 ——「산비둘기 사냥」

그에게 있어 자연은 두 가지 의미를 지니고 있다. i) 그것은 순리에 따르는 삶을 의미한다. 「갈대는 스스로 갈대라 말하지 않는다」는 암시적인 제목은 그러한 맥락에서 읽을 수 있다. 거기에서 삶의 순리를 찾으려는 그의 시적 노력이 시작된다. 그것이 첫 시집에서부터 계속된 '깨달음'이란 주제를 낳고, 이 두번째 시집에서는 '한 소식'이라는 좀더 포괄적인 범주로 변주되기도 한다. 따라서 그러한 순리를 따르지 못하고 "날다람쥐처럼 움직이는/욕망"(p. 32)을 좇아서 "찰찰거리며"(p. 137) 흘러온 "무디고 무딘 똥고집의 내 몸"(p. 12)에 대한 반성이 일어난다. 그것은 쓰리다. 왜냐하면 삶의 길은 다시 거슬러오를 수 없기 때문이다.

>   주전자의 벌린 입처럼 해찰하며
>   냇물의 나른함으로 흘러내려온 내 삶의 버릇이
>   아깝게 자꾸 약수를 쏟게 했다
>   삶이라는 것도,
>   마음대로 출렁대며 내려오다보면
>   약수처럼 슬금슬금 쏟아져버린다는 걸 왜 몰랐을까
>   난 차 한 잔과 국물 한 사발이 더 필요했으므로
>   다시 오던 산길을 거슬러올라갔다
>   까치 떼가 지금까지 걸어온 내 발길의 기억처럼
>   날아오르고, 난 다시 거슬러올라갈 수 없는
>   내 삶의 산길을 생각했다   ──「약수를 길어오며」

ii) 자연은 또한 시인에게 억압과 예속에 대한 강한 부정 정신을 의미한다. 먹이라는 유혹과 죽음의 공포 앞에서도 대숲을 떠나려 하지 않는 '산비둘기'의 야성, 그것이 상징하는 자유가 지배 체제의 억압에 길들여진 시인을 몸서리치게 한다. 그의 시의 가장 주된 부분 중의 하나인 지배 이데올로기에 대한 예리한 인식은 거기에서 비롯되는 것이다. 지배 이데올로기는 "하나의 거대한 수정 샹들리에"(p. 68)처럼 매혹적으로 우리들을 유혹한다. 하지만,

>   눈앞의 저 빛!

찬란한 저 빛!
그러나
저건 죽음이다

의심하라
모오든 광명을!   ──「오징어」

 그렇기 때문에 그는 「체제에 관하여」에서, 지배 이데올로기는 "아우슈비츠의 독가스보다/더 잔인하고 음흉"(pp. 51~52)하다고 말하는 것이다. 그의 시에서 두드러지는, 지배 이데올로기에 대한 활달하고 건강한 풍자, 능청스런 요설 따위의 남성적 면모는 그러한 자연의 야성과 밀접한 관련을 맺고 있다.
 그러면 이제 모성적 세계에 대해서:

오, 정글어가는 한 마을이
저 모든 것들을 오래오래 길러온 **어머니**였습니다
            ──「정글어가는 하나대를 바라보며」

어둠 속 저 울타리 너머
겨울 남새밭처럼
줄 것 다 내주고
빈 몸으로 묵묵한 마을이여

〔………〕

할머니! ──「할머니」

그의 고향과 유년 시절에 대한 기억은 대부분 '어머니'나 '할머니'로 표현되는 모성적 세계이다. 따라서 남성적 풍자나 요설과는 달리 이 부분에 이르면 섬세한 서정의 떨림과 부드러운 리듬이 시의 주조음을 이룬다. 그것은 시인의 고향에서는 익숙한 가락이었을 '육자배기'의 활달함조차──실제로 '육자배기'가 들어가는 제목을 가진 두 편의 시는 남성 인물을 회고하고 있다──추억의 도움을 빌어 모성적 세계의 부드러움으로 변용시킨다. 그러한 모성적 세계 또한 시인에게는 두 가지 모습을 갖고 있다. i) 그 모성적 세계는 모든 것을 품어안고 기르는 허(虛)의 공간이다. 그래서 '정글어가는 하나대'는 "**빈 몸**의 들판"(p. 120)으로 서 있으며, 할머니는 "**빈 몸**으로 묵묵한 마을이"라는 비유가 가능한 것이다. 시인에게 "자연은 '비어 있음'의 공간이며," "하나대는 그러한 허가 보존된 곳이다"(5:79). 그 허를 보존하는 것이 그에게는 순리이다. 왜냐하면 "라오쯔의 말씀대로 빈 그릇만이 쓰임이 있는 것"(p. 102)이기 때문이다. 따라서 시인이 "나도 대숲으로 가 대숲처럼/온몸으로 구부러지는 법 배우고 싶네/청개들도록 울창하고 싶네"(p. 117)라고 말할 때, 그것은 다음과 같은 시인의 견해를 전제로 한 것이다.

나는 빈 그릇을 숭상한다. 그 안엔 내가 원하는 그 어떤 것이라도 담을 수 있는 무한한 가능성과 쓰임의 공간이 있기 때문이다. 난 텅 빈 속을 가진 대나무의 흔들림을 사랑한다. 일

견 연약해 보이는 그 흔들림은 사실 가장 심원한 힘의 실체이다. 광포한 바람이 불어 속이 꽉찬 아름드리 나무가 허리째 꺾여도 비어 있는 몸을 가진 대나무는 그저 유연하게 흔들릴 뿐이다. 허(虛)라는 것은 우리가 가시적으로 느끼는 모든 힘을 포괄한다. 아니 그 위에 있다. (4:77)

시인의 세계가 환경론적 위기 의식에 바탕을 둔 문명비판의 의미를 지니는 것은 여기에서부터이다. 허(虛)의 공간으로서의 할머니의 넘서밭엔 우리에게 생명을 불어넣어주는 식물이 "가지가지 넘쳐났"(p. 25)지만, 허가 상실된, "반성이라곤 털끝만큼도 없이/맹목적으로 앞만 보고 비척비척 몰려가는(오징어와의 유사성!: 인용자)//좀비로 **꽉찬** 세상"(p. 43)에서는 공해와 인파 각종 상품과 마약 그리고 에이즈 따위로 차고 넘친다. 얼마나 그곳이 가득찬 곳인가는 "쉬포리 한 마리 드나들 수 없었"(p. 125)다는 말에서 확인할 수 있다. 그것이 바로 오징어에게 있어서의 불빛이며, 수족관 속의 산소이다. 그것은 곧 죽음을 의미한다. 왜냐하면 하나뿐인 지구를 말살시키는 것이기 때문이다.

온 산을 갈아엎는 사람들을 세상을 온통 콜라빛 폐수로 **넘실대게** 하는 사람들을 이 땅을 온갖 욕망의 구매력으로 **가득채우는** 사람들을 그리하여
　이 지구의 虛를 말살시키고 있는 사람들을 아아 하나뿐인 인격, 하나뿐인 지구　──「콜라 속의 연꽃, 심혜진論」

시인의 이러한 개성적 세계는 "선과 악의 획일화, 절대악이 사자후하고 있었기에 너무 쉽게 절대선이 가능했"(p. 56)던 지난 80년대 전반기의 문학에 대한 비판이자, 그것을 폭넓게 감싸안는 하나의 새로운 징후이다. 절대악이라 상정된 지배 권력은 지구의 허를 없애고 있는 한 무리에 불과하기 때문이다. 그의 말대로 이제 정말로 노자나 "장자의 전성 시대"(p. 111)가 도래한 것인지에 대해 속단할 수는 없지만, 그의 시가 지배 이데올로기의 음험함을 예리하고도 폭넓게 인식하며 안에서부터 부수는 것이 아마도 그것과 상당히 깊은 연관을 맺고 있으리라는 사실은 부인할 수 없으며, 또한 충분히 주목할 만한 것이다. 그런데 그러한 대나무의 푸르름으로 상징되는 생명의 모성적 세계가 사라지려 한다. ii) 따라서 '빈 몸'으로 표현된 모성적 세계는 생명의 "푸른 흔적"(p. 26)이 사라져 가는 씁쓸하고 '적막'한 빈 곳이다.

> 그 어머니 이제, 가실비 젖은 짚벼눌처럼
> 온 삭신 흙 속으로 꺼져가려 합니다
> 꺼져가는 어머니 안간힘으로 일으켜세우기라도 하려는 듯
> 숲이란 숲 왼갖 새들이 울대가 터져라
> 어둠이 터져라 일제히 악다구니로 울어쌉니다
> ——「정글어가는 하나대를 바라보며」

> 무성한 잡초 주인 잃은 호박 덩굴에 파묻혀 그 넘서밭
> 마침내 영원히 잠들려 하네 잠들려 하네
> 어느덧 내 몸을 감쌌던 그 넘서밭의 **푸른 흔적**

뙤약볕 얼음과자 같던 외의 씁쓸한 맛으로 **사라져가고**
——「할머니와 넘서밭」

 그러한 모성적 세계의 '비어 있음'이 가지는 이중적 모습은 「그 **빈집**」에서 가장 잘 드러난다. 유년 시절, 무궁화꽃이 피었습니다, 숨바꼭질하던 그 빈집이 생명의 유희의 공간이라면, 이제 그 빈집은 "며느리한테 버림받은 구십 넘긴 등꼬부리/두 망구"(p. 144)가 사는, 삶의 순리를 거스른 증거가 되는 곳이다. 그것마저 헐린단다. 허가 보존된 삶의 빈 공간은 오염된 것으로 채워지고 사라진다. 그 사라짐의 적막감이 시인에게도 견디기 힘든 것이었는지, 그는 초교지에서 '적막'으로 표현된 곳을 '숨길'이라는 다소 밝은 어휘로 바꾸고 있다.

  여기, 살아 찡하게 숨쉬고 있던 것들 어느새
  굴뚝의 연기처럼 다 흔적 없이 사라지고
  굴뚝새 저 혼자 남아 굴뚝의 텅 빈 **숨길**처럼
  하나대를 스쳐간 자리, 쫓아가보니
  살아온 날들이 헛일이었다고
  쏴아아아 소나무들의 눈물바람 고인다
   ——「굴뚝새가 사는 마을」

 세번째 행의 '숨길'은 애초의 초교지에서는 '적막'이었다. 어쨌든 그럼에도 불구하고 시인의 고향 하나대의 대숲에서는 그 사라짐이 안타까운지 굴뚝새들이 "악다구니로 울어"싼다. 그 소리가 베어진 배나무들의 신음 소리와

겹친다. 하나대와 압구정동이 포개진다.

아, 이곳, 죽은 시인의 사회에 황지우의 시라니 아니, 이건 시가 아니라
삐라다 캐롤이 섹슈얼하게 파고드는 이, 색 쓰는 거리
대량 학살당한 배나무를 위한 진혼곡이다 나는 듣는다
영하의 보도 블록 밑 우우우 무수한 배나무 뿌리들의 신음소리를 ──「바람부는 날이면 압구정동에 가야 한다 3」

이렇게 해서 우리는 시인의 압구정동 연작을 만나게 된다. 이상의 사실에서 알 수 있듯이, 그는 많은 사람들의 주목과는 달리 도시의 무서운 아이라기보다는 그의 표현을 빌면 허의 농경 문화가 침투시킨 순치되지 않는 도시 게릴라이다. 그의 시의 바탕 또한 그가 살고 있는 서울의 도심이 아니라 끊임없이 환경론적 위기 의식을 고취시키고 있는 고향 하나대이다. 물론 그의 고향 시편이 그의 바람대로 "추억의 묘사가 아니라 채움의 욕망에 대한 반성적 재현"(5:79)을 충분히 이루고 있는가에 대해서는 의문의 여지도 있지만, 그가 종횡무진 풍자·패러디·요설 따위를 통해 활달하고 능청스럽게 지배 권력을 포함한 모든 허를 말살시키고 있는 이데올로기와의 싸움을 벌이고 있는 것을 볼 때, 그의 고향 시편의 푸른 공간은 충분히 아름답고 그리운 곳이다. 하지만 그의 혁혁한 전과에도 불구하고 허의 상실이라는 시대의 흐름을 어찌할 수는 없는지, 시집의 맨 마지막에서 시인은 안타깝고도 쓸쓸하게 적고 있다. 그가 어릴 적 술 심부름을 가면 눈깔사탕

을 넣어주던 따뜻한 고향이 사라지고 있음을.

> 점빵 할아버지는 깊은 주름살로 웃으시곤
> 우리 강아지 오능가
> 내 입에 쏙 눈깔사탕을 넣어주셨다
> 입에 넣기 무섭게
> 눈송이처럼 사르르 녹아 없어져버리던
> 하얀 눈깔 눈깔사탕
>
> 세월 지나 망굴재 다시 찾았을 땐
> 그 점빵 어디에도 없었다
> 허허로운 아스팔트길
> 흰 눈만 눈깔사탕처럼 흩날리고 있었다
> ──「점빵의 눈깔사탕」

눈깔사탕의 감미로움은 사라지고 허의 숨길을 가로막은 아스팔트만이 허허롭게 깔려 있었던 것이다. 거기에는 "살아온 날들이 헛일이었다고/쏴아아아 소나무들의 눈물 바람 고인다"(p. 123). 그 바람에 흰 눈이 흩날리고 있다. 그와 나의 친구인 또 다른 시인의 말처럼 우리는 미끌한 지구에서 쓸쓸하게 떨어져 추락하는 것일까.

그러나 나는 시인이 내게 사적으로 주었던 「눈을 위한 시」에서 "눈은 녹지만 끝끝내 당신, 눈빛은 녹지 않는 설원을/눈이 내린다 눈물이 솟아오른다"(p. 21)라는 시구를 떠올리며, 그의 눈가에 축축이 번지는 물기 위로 반짝이는 눈빛, 그 미소를 슬며시 그려본다.

그의 시가 가지는 의미가 그것만은 아니다. 나에게 의미있게 다가온 것 가운데 하나는 김현의 지적처럼, 그의 말에 대한 재치 있는 감각인데(1:83), 그 재치가 과장으로 치닫거나 놀이로만 머물 때 이따금씩 시적 긴장을 이완시키지만 대부분의 경우에는 자신과 삶에 대한 끈기 있는 성찰에 힘입어 좋은 효과를 얻고 있다. 그 효과란 시에 속도감과, 일상의 구체성 그리고 읽는 이에게 발견술적 깨달음을 준다는 것이다. 많은 예 중에서 하나를 들면 다음과 같은 것이다.

>산다는 일이 뭐 **뾰족한** 일이 있으랴 넥타이 매고
>소주잔 돌리며 지글지글 삼겹살이나 뒤집는 일 외에
>**뾰족한** 일 찾으려, 노충량이는 **뽕** 먹다 **빵**에 갔고 기어이
>난 누에 같은 시인이 되었다 참 누에는 **뽕** 먹고 살지
>언어의 **뽕잎** 갉아먹으며 내가 황홀해지는 시 한 편 쓰고 싶었다
>악마에게 몸을 팔아서라도 정말 내가 **뽕** 가는 시 한 편 쓰고 싶었다
>그런 면에서 노충량과 내가 추구하는 궁극적인 목표는 같다 말로가 다를 뿐?
>　　――「바람부는 날이면 압구정동에 가야 한다 5」

하지만 그것보다 더 의미있다고 생각되는 것은, 또한 김현의 지적처럼 시인의 "현실주의"(1:81)이다. 그의 현실주의는 앞에서 이야기한 말에 대한 재치 있는 감각과

더불어 시에 일상의 구체성을 부여하는 데 성공하고 있다. 그는 주변의 세속적인 일상에서 일상적인 언어로 보편적인 깨달음을 이끌어내고 있는데, 때로 그 전화(轉化)가 부자연스럽게 느껴지기도 하지만 그는 그것들 사이의 긴장을 유지하고 있으며, 그것은 충분히 의의 있는 노력으로서 이 땅의 근대 문학사에 있어온 시적 형식에 대한 비판이라는 의미를 갖고 있다.

우리의 근대 문학사가 봉건적 문학 형식과 서구적 문학 형식의 왜곡된 결합으로부터 출발하고 있다는 사실은 이제 어느 정도 보편적 이해를 얻고 있다. 그 동안 자신의 주체적 문학 형식을 통해 이 땅에 살아온 사람들의 지적·감정적 총체를 표현하여 삶과 문학과의 긴장을 팽팽히 유지시키고자 했던 많은 문학인들의 노력에도 불구하고 그 부정적 기원은 아직도 뇌리에서 지워지지 않고 있다. 그 기원의 부정적 양상은 단순화시켜 말하자면 '생활'이 거세되어 있다는 것이다. 우선 봉건적 문학 양식은 '생활'에 대한 실제적 감각을 갖추지 못했던 사대부 계급의 전유물이었다는 데서 알 수 있듯이, 일상의 노동이 빠진 주정적 자연을 노래하는 일에 자신의 영역을 가둔다. 그리고 서구 문학 양식의 유입은 그들이 자신들의 사회와 삶 속에서 치열하게 싸워나가면서 어떤 과정을 거쳐 그러한 양식을 갖게 되었는가에 대한 유기적 고찰 없이 양식만의 외피를 차용하는 데 그치고 만다. 여기에서도 '생활'이 누락된 주관적 관념의 껍데기만을 뒤집어쓰게 되는 것이다. 그 결과로 우리의 주체적 문학 양식의 확립은 두 가지 방향에서 추진되어야 하는데, 하나는 봉건적 문학 양식을 극복하려다 외세의 침탈에 의해 좌절된 자생적 문학 양식의 전통을 되살리는 것이고, 다른 하나는 콤플렉스에서 비롯된 서구의 동경이 아니라 주체성을 바탕으로 한 능동적 수용이다. 유하의 시적 탐구는 근대 이후 지속된 그 노력의 연장선에 있다.

그에게는 일상의 삶이 빠진 주정적 자연 또는 관념의 난해성으로의 함몰, 덧붙여 기승전결 따위의 봉건적 양식도 보이지 않는다. 그의 시 형식은 일상의 형식과 동일한 구조를 갖고 있다. 권태스럽기까지 한 일상은 순간순간의 해방적 관심에 의해서만 의식화되고, 그것이 세속으로의 안주라는 지배 이데올로기의 간계를 피하는 일이 되듯, 그의 시 형식은 시인이 그것을 자각하고 있는 것인가의 문제와 관련 없이 많은 부분 일상처럼 단조로우면서도 순간순간의 예지와 재치 있는 성찰로 번득이고 있다. 대개 그것은 '반성' 또는 '고민'이라는 이름을 갖는다. 그것에 힘입어 시인은 일상의 권태를 벗어던지고 발랄하고 경쾌한, 지배 이데올로기와의 싸움을 계속하고 있다. 거기에 덧붙여 그는 자신이 지배 이데올로기에 왜곡된 현실 속에 함께 존재한다는 것을 정직하게 고백하고 있는데,

> 웃지 말자 일원짜리도 안 되는 부처야
> 대체 나라는 놈은, 현생이라는 비스켓
> 어디메쯤 달라붙어
> 한참 단꿈을 꾸고 있는가
> 불개미나 나나,
> 한치 앞을 선택할 수 없는 눈먼 장님이니 ——「佛개미 2」

아무리 老子然해봐도 육체와 정신만 늙어갈 뿐
그것을 날다람쥐처럼 움직이는
욕망은 좀처럼 늙질 않는구나
  ——「老子가, 진지를 권할 때」

나 그대 시내 같은 눈을 보며 물의 마을을 **꿈꿉니다**
그 물의 마을, 꿈꾸는 내 입천장에서 말라붙습니다
내 몸 물처럼 출렁이다 증발되듯 **깨어납니다**
오늘도 그대를 비켜가지 못합니다
  ——「나는 물의 마을을 꿈꾼다」

지상의 모든 35-24-35의 신화도 사라지거라 난 물고기가 될 지니
물고기가 돼서도 美魚만 사랑할 나이지만 쯧쯧
  ——「미인병」

이 태도는 성급하게 낭만적 이상주의로 혹은 자기 비하로 함몰되는 것을 피하여 건강한 현실 인식의 바탕이 된다. 그러한 인식은 왜곡된 현실의 구조 안에서 자기 스스로 고통과 결핍이 되는 인식이다. 현실은 이처럼 **안에서** 그 현실과 하나가 되어 스스로 고통과 결핍이 되어 내적으로 싸울 때 변화 가능한 것이지, 외부에서 변화가 주어지는 것은 아니다. 차라리 우리는 그에게 그 또한 그것의 일부가 되는 현실의 고통과 결핍에 대해서 더 아파하라고 말할 수는 있을 것이다. 시는 자신이 진실로 아파하기 때

문에 타인을 상하게 하지 않는다. 아니, 시인은 스스로 앓아야만 남을 아프게 하지 않는다. 그래서 시인은 이렇게 말하는 것이다. "무화과는 자신이 홀로 썩기 전엔/그 아무도 꽃잎을 딸 수 없는 꽃 아닌가"(p. 49). 반성하라, 그러면 변할 것이다. 고민하라, 그러면 깨우칠 것이다. 이렇게 말하고 있는 그의 현실주의 시학에 우리는 '반성적 현실주의'라는 이름을 붙일 수 있겠다.

시인의 앞 세대와만 비교하자면, 그가 서정과 풍자적 요설로 나갈 때는 황지우와 닮고, 환경론적 위기 의식에 근거한 문명 비판과 깨달음의 길로 들어설 때는 최승호와 닮는다. 하지만 그는 최승호의 꽉 짜인 비극적 전망에서 벗어나며, 황지우의 낭만적인 극적 제스처에서도 멀리 떨어져 있다. 그는 그들보다는 훨씬 건강한 상식주의 위에 서 있다. 그가 하나대의 자연이나 압구정동의 문명, 그 어느 것에도 쉽게 함몰되지 않고 긴장을 유지하면서 순리를 거스르는 모든 현실과 좀더 치열하게 부딪칠 수 있을 때, 우리는 뚜렷한 개성의 목소리를 만나게 될 것이다. 그때까지 우리는 늘 이렇게 속삭이고 있을 것이다.

풋, 늘 그렇게
풋, 사랑입니다 ──「풋, 사랑입니다」

참고 문헌
1. 김현, 『말들의 풍경』, 문학과지성사, 1990.
2. 남진우, 『문예중앙』, 중앙일보사, 1990년 겨울호.

3. 박철화, 『문예중앙』, 중앙일보사, 1989년 겨울호.
4. 유하, 『문학정신』, 열음사, 1990년 4월호.
5. 유하, 『문학정신』, 열음사, 1991년 1월호.
6. 이광호, 『작가세계』, 세계사, 1991년 봄호.